Reforma eleitoral no Brasil

Joaquim Falcão (Org.)
com a colaboração de Luiz Fernando
Marrey Moncau, Marina Barros e
Pedro Nicoletti Mizukami

Reforma eleitoral no Brasil
Legislação, democracia e internet em debate

1ª edição

CIVILIZAÇÃO BRASILEIRA

Rio de Janeiro
2015

Copyright © do organizador Joaquim Falcão, 2015

CAPA: Ana C. Bahia

IMAGEM DE CAPA: Marcello Casal Jr./Agência Brasil, adaptada. Esta obra está licenciada com uma licença Creative Commons Atribuição 3.0 Brasil, disponível em <https://creativecommons.org/licenses/by/3.0/br/>.

DIAGRAMAÇÃO: Editoriarte

CIP-BRASIL. CATALOGAÇÃO NA FONTE
SINDICATO NACIONAL DOS EDITORES DE LIVROS, RJ

C757 Reforma eleitoral no Brasil: Legislação, democracia e internet em debate / organização Joaquim Falcão. – 1. ed. – Rio de Janeiro: Civilização Brasileira, 2015.
224 p. : il. ; 23 cm.

ISBN 978-85-200-1276-5

1. Campanha política – Brasil. 2. Propaganda eleitoral. 3. Direito eleitoral. 4. Eleição. I. Falcão, Joaquim.

15-22743

CDD: 324.7
CDU: 342.8

Todos os direitos reservados. É proibido reproduzir, armazenar ou transmitir partes deste livro, através de quaisquer meios, sem prévia autorização por escrito.

Texto revisado segundo o novo Acordo Ortográfico da Língua Portuguesa.

Direitos desta edição adquiridos pela
EDITORA CIVILIZAÇÃO BRASILEIRA
Um selo da
EDITORA JOSÉ OLYMPIO LTDA.
Rua Argentina, 171 – Rio de Janeiro, RJ – 20921-380 – Tel.: (21) 2585-2000

Seja um leitor preferencial Record.
Cadastre-se e receba informações sobre nossos lançamentos e nossas promoções.

Atendimento e venda direta ao leitor:
mdireto@record.com.br ou (21) 2585-2002

Impresso no Brasil
2015

Sumário

Apresentação	7
1. Reforma de uma só vez, ou por etapas? *Joaquim Falcão*	11
2. Princípios fundamentais para sistemas de votação, digitais ou não *Silvio Lemos Meira*	21
3. Pelo fim (ou início) do voto obrigatório no Brasil *Fernando Fontainha*	37
4. Novos rumos da participação política por meios eletrônicos *Eduardo Magrani*	55
5. Proibir o nepotismo eleitoral *Joaquim Falcão e Adriana Lacombe*	67
6. Como aumentar a imparcialidade do Supremo em relação ao TSE *Diego Werneck Arguelhes*	79
7. Impedimento do membro do tribunal eleitoral oriundo da advocacia para causas envolvendo clientes e ex-clientes *Silvana Batini Cesar Góes*	95
8. Doação ou investimento? Alternativas ao financiamento desigual de campanhas eleitorais *Michael Freitas Mohallem*	101
9. Alterações pontuais na Lei das Eleições podem auxiliar no combate ao caixa dois *Silvana Batini Cesar Góes*	125

10. Propostas para uma transparência mais efetiva das contas dos candidatos e partidos no período eleitoral 133
Marina Barros

INTERMEZZO: A hora de falar sobre eleições, candidatos e votos 145
Iuri Pitta

11. Liberdade de manifestação política e campanhas: É preciso atenção aos algoritmos 153
Ivar A.M. Hartmann

12. Sobre robôs e eleições 165
Pedro Nicoletti Mizukami

13. Mais garantias para o humor na internet: Delimitando o conceito de propaganda eleitoral 181
Luiz Fernando Marrey Moncau

14. WhatsApp: A nova vedete das campanhas eleitorais 195
Marília Maciel

15. Por que não se deve limitar a divulgação de pesquisas, exceto talvez no dia da eleição? 205
Eduardo Muylaert

Sobre os autores 221

Apresentação

A cada campanha eleitoral, partidos e candidatos utilizam novas ferramentas tecnológicas e de comunicação para conseguir votos. Ao mesmo tempo, o processo eleitoral e as regras do jogo democrático tentam encontrar soluções para os questionamentos daí decorrentes, muitos deles até então inéditos. Enquanto isso, a imprensa enfrenta diversos desafios: acompanhar, entender, explicar e analisar as mudanças no cenário político; verificar o que é ou não permitido pelas normas vigentes; e noticiar a maior quantidade e o mais relevante conteúdo informativo no menor tempo possível.

Desse cenário surgiu o embrião de uma parceria entre a FGV Direito Rio e o jornal O *Estado de S. Paulo* para a criação de um blog que cobrisse as eleições gerais de 2014. A meta inicial consistia em produzir conteúdos diversos — análises, entrevistas e vídeos, entre outros — sobre a campanha na internet e os debates relacionados ao tema no portal <http:// www.estadao.com.br>.

Campanhas anteriores já haviam usado aparato tecnológico, sites e redes sociais para disseminar não só propostas e promessas de um candidato, mas também — e em alguns casos principalmente — ataques e acusações nem sempre bem fundamentadas contra adversários. Então qual seria a novidade? Qual a mudança presente na campanha de 2014?

Exemplos não faltam: o uso de robôs para multiplicação de posts tornou-se prática comum, assim como a atuação de profissionais com expertise em produção de conteúdo feito para "viralizar" e atingir o maior número de internautas-eleitores. Surgiram novas plataformas e tendências, como WhatsApp e seus grupos de compartilhamento de mensagens ou a repercussão imediata de debates na TV na chamada segunda tela — celular, tablet ou computador — via redes sociais.

Parte dessas novas realidades foi contemplada pela legislação, outras são alvo de questionamentos e disputas judiciais, e há ainda as que dependem de regulação. Não bastasse a rapidez com que surgem inovações tecnológicas, a conjuntura política do país só reforça a necessidade de se reformar o sistema político-eleitoral brasileiro. As manifestações de junho de 2013 demonstraram a insatisfação da sociedade com quem deveria representá-la no exercício dos poderes. A campanha de 2014 explicitou a polarização político-partidária vigente. E 2015 se iniciou sob impacto de manchetes sobre esquemas de desvios e financiamentos ilegais de partidos e candidatos.

Transformar o conteúdo produzido pelo blog Conexão Eleitoral em livro foi um passo natural e bem-vindo, tanto pela sua atualidade quanto pela necessidade de ampliação dessa discussão para outros formatos de mídia. Os 57 posts publicados entre julho e novembro de 2014 serviram de base para o aprofundamento das análises e a formulação das propostas aqui reunidas. Certamente, o livro não se restringe às dimensões do emprego de novas tecnologias e estratégias de comunicação pelas campanhas dos candidatos. Outros temas importantes, observados durante o processo eleitoral, também são aqui colocados a fim de ampliar o debate sobre a necessidade de uma reforma eleitoral no país. Encontraremos, por exemplo, o financiamento de campanhas, as tecnologias dos sistemas de votação, a estrutura e funcionamento do TSE, análises comparativas das eleições brasileiras com as existentes em países como a França e os Estados Unidos, e outras propostas profundamente discutidas:

- A primeira proposta traz a perspectiva da elaboração de uma estratégia pré-legislativa para a reforma política a partir de quatro acordos: a reforma temporalmente diferida; a reforma inevitavelmente multinormativa; a reforma de multipautas; e a reforma potencialmente experimental.

APRESENTAÇÃO

- As três propostas seguintes exploram questões relacionadas ao voto e à participação do eleitorado brasileiro nos pleitos do país: o fim do voto obrigatório; os sistemas de votação digitais; e a participação direta via meios eletrônicos.
- Em seguida, o livro mergulha nas engrenagens do TSE sugerindo propostas para aumentar a imparcialidade do Supremo em relação ao tribunal eleitoral; propondo regras para a efetiva proibição do nepotismo eleitoral; e recomendando a incompatibilidade legal entre membros dos tribunais de justiça eleitoral que julgam processos em que são advogados das partes de clientes ou ex-clientes.
- Três dos artigos exploram alternativas ao modelo atual de financiamento das campanhas eleitorais, trazendo opções para reduzir a desigualdade financeira nas campanhas; ampliar e dar efetiva transparência às contas de candidatos e partidos; e apresentam sugestões que podem auxiliar no combate ao caixa dois das campanhas.
- As cinco propostas finais concentram-se nos aspectos tecnológicos e jurídicos presentes nas campanhas eleitorais de 2014: a liberdade de manifestação diante dos algoritmos das plataformas e redes sociais; o uso de robôs; a delimitação do conceito de propaganda eleitoral para assegurar a livre expressão na internet; o uso do WhatsApp como ferramenta de marketing; e a limitação (ou não) da divulgação das pesquisas eleitorais.

O esforço dos autores do livro mescla conhecimento jurídico — fruto de pesquisas acadêmicas — com análises ocorridas no âmbito do projeto Conexão Eleitoral, durante as Eleições 2014. Espera-se contribuir, desta forma, para um debate mais qualificado e esclarecido acerca de questões que se transformam muito rapidamente em um contexto de acelerado desenvolvimento tecnológico. Aqui estão, portanto, propostas para o aprimoramento das eleições em nosso país e, por que não dizer, da democracia brasileira.

Joaquim Falcão

1. Reforma de uma só vez, ou por etapas?
Joaquim Falcão

> *sem que se faça um presente*
> *não pode haver um futuro*
>
> João Cabral de Melo Neto

A reforma política é, ao mesmo tempo, polêmica e necessária. A ausência de consenso entre os congressistas dificulta cada vez mais sua implementação. No entanto, tudo indica que estamos vivendo o momento oportuno para configuração de acordos políticos estratégicos, capazes de conquistar a legitimidade, até então ausente, para sua concretização.

Este texto trata da premente necessidade de elaboração de uma estratégia pré-legislativa para a reforma política, baseada em quatro acordos: a reforma temporalmente diferida, a reforma inevitavelmente multinormativa, a reforma de multipautas e a reforma potencialmente experimental.

Não parece óbvio, mas é. Para qualquer desacordo, acordos preliminares são necessários. Alguns implícitos, outros explícitos. Uns planejados, outros acidentais. Assim também será, se for o caso, a reforma política.

Imaginem duas pessoas, de posições opostas, discutindo frente a frente. Para ocorrer esta discussão é necessário que ambas tenham concordado em discutir em uma língua comum. Se uma fala em chinês, outra em javanês, dificilmente haverá discussão.

Os dois indivíduos também têm que concordar que a discussão é para se realizar naquele momento. Se um argumenta às onze e outro às três, não se encontram, não há discussão. Concordam também que não haverá agressões físicas, pois, se houver, passa a ser luta corporal. E por aí vamos.

Esta observação simplória — a existência de acordos mais ou menos implícitos para viabilizar desacordos — fica mais evidente, por exemplo, no processo judicial, com o que a doutrina chama de "devido processo legal".

As partes divergem ou convergem dentro de limites previamente acordados, consubstanciados em um conjunto de regras formalizadas. Em suma, sem acordos preliminares entre as partes inexiste acordo possível.

O mesmo ocorre na criação de novas leis, sobretudo na reforma política, na qual a pluralidade de opiniões, de interesses e de temas de potencial desacordo é naturalmente muito ampla. Cada cabeça uma sentença, cada congressista um projeto de lei.

As regras do processo decisório legislativo têm a finalidade de ir reduzindo, gradualmente, a amplitude de opções divergentes, fazendo-as convergir. Estas regras podem ser formais — leis, regimentos, resoluções — ou simplesmente consistirem em acordos informais dos órgãos das Casas, dos partidos, das lideranças partidárias, por exemplo. Objetivam criar uma pauta comum, um entendimento comum, e definem o processo de sua operacionalização.

Não vamos tratar aqui do direito processual legislativo, das normas de criação das leis. Vamos tratar de como, balizados por elas, podemos definir algumas diretrizes,[1] como já chamei determinada vez.

O foco são aqueles acordos políticos estratégicos que se sustentam não pela coerção legal, mas por sua capacidade de conquistar uma legitimidade decisória incremental para o projeto de reforma. E para o próprio Congresso.

A força dessa estratégia dependerá de sua eficiência em tornar mais provável e previsível a incerta reforma comum. Inclusive porque, neste momento inicial, não se sabe bem qual seja. Na democracia, reforma possível, que muitos defendem, é a reforma incerta, da qual todos participam.

Não tratamos neste texto dos conteúdos, da substância da reforma. Essa será tarefa posterior neste livro. Nossa reflexão é anterior.

Um dos motivos pelo qual a reforma do Judiciário não andou por dezesseis anos, até sua aprovação em 2004, foi justamente a insistência em definirem, *a priori*, questões substantivas.

O Conselho Nacional de Justiça é um controle interno ou externo ao Poder Judiciário? Devemos acabar ou não com a Justiça Militar? E com a Justiça do Trabalho? Invariavelmente as negociações assim formuladas chegavam a um impasse paralisante.

Um dos motivos do sucesso da reforma do Judiciário, quando finalmente foi aprovada, foi justamente a construção de acordos políticos informais, mas legítimos, cujo conjunto compõe o que denominamos de estratégia pré-legislativa.[2]

Quais seriam então os acordos equivalentes para uma estratégia pré-legislativa da reforma política capazes de lhe aumentar as chances de aprovação? Esse é o foco de nossa proposta.

Nada é mais poderoso do que uma ideia cujo tempo chegou, diz o ditado. Será que o tempo da reforma política chegou?

Alguns fatores parecem dizer que sim.

Primeiro, é a experiência das eleições de 2014, a insatisfação quase comum com a maneira como está regulada. Desde a escolha de candidatos, a campanha, a mentira como programa partidário, o financiamento, os partidos de aluguel, o mau uso das mídias sociais, até a apuração através das urnas eletrônicas.

Segundo, é a existência do novo Congresso, recomeço político, oportunidade de retomar pautas estruturantes e de longo prazo. Logo, logo, este novo Congresso estará envolvido em pautas de conjuntura.

Terceiro, se o Congresso não o fizer, o Supremo o fará, querendo ou não, da maneira do caso a caso, desconexa.

Pesquisas mostram que a maioria dos partidos, dentre eles os mais fortes como PMDB, PT, PSDB e PP, reconhece a necessidade de mudanças. Todos parecem querer a reforma política.[3] No entanto, como afirmou Renan Calheiros, o atual presidente do Senado, a reforma corre o risco de continuar sendo a mais resistente das unanimidades estáticas.[4]

Com o tempo, os desacordos substantivos afloram e reformas estruturais perdem sua força. A hora é agora.

Não é por menos que Mangabeira Unger propôs há décadas que este momento inicial, pós-eleições presidenciais, fosse exclusivamente dedicado pelo Congresso às grandes reformas estruturais do país. E se houvesse divergência e paralisia entre as propostas da Presidência da República e do Congresso, o eleitor deveria ser reouvido. Novas e imediatas eleições presidenciais e legislativas seriam realizadas.[5]

Proponho pelo menos quatro acordos necessários a uma eficiente estratégia pré-legislativa: a reforma temporalmente diferida, a reforma inevitavelmente multinormativa, a reforma de multipautas e a reforma potencialmente experimental.

O primeiro acordo é sobre a reforma diferida, ou seja, para valer nas legislações seguintes. É no mínimo ingenuidade pedir que os congressistas mudem o sistema político, as regras, por meio do qual ganharam. Foram eleitos. Venceram. Não se pode pedir muito a ninguém, ninguém tem muito para dar. Sobretudo doar sua própria vitória. Não se muda time que está ganhando, diz a sabedoria popular.

Os congressistas investiram recursos financeiros, humanos, tecnológicos, esforços para aprender a lidar com esse sistema. Adquiriram know-how. Correram riscos.

Estão habituados a esse sistema, mesmo que insatisfatório. Velhos hábitos são difíceis de mudar. Marcel Proust já dizia que o hábito é a segunda natureza do homem. Em nome de que mudar uma natureza, que é vitória? O risco não compensa.

Seria igualar vencedores a derrotados. Começar de novo. Abrir mão de vantagem competitiva legalmente conquistada. A tendência então é recusar de imediato a reforma, mesmo não dizendo.

A saída minimamente redutora do risco da mudança seria dilatar a reforma no tempo. Propor uma reforma com múltiplos e diferidos prazos de vigência. Uma reforma multitemporal, a ser implementada em multilegislaturas, em vez de uma única reforma total, instantaneamente implementada nas próximas eleições, o que significaria risco máximo, rejeição garantida.

As mudanças que causariam nenhum ou menos danos aos atuais congressistas, aos decisores da reforma, seriam implementadas mais imediatamente.

O segundo acordo é sobre a multiplicidade normativa da reforma. Ao contrário do que se imagina, a mudança legislativa necessária à reforma partidária não implica mudar apenas um tipo de norma. Não se reduz a uma emenda constitucional.

Ao contrário, ela é multinormativa. Mudanças de natureza constitucional e mudanças infraconstitucionais, administrativas e jurisprudenciais. De diferentes hierarquias.

Exigirá, por exemplo, mudança de normas de competência do Tribunal Superior Eleitoral (TSE). Uma mudança no sistema de apuração dos votos ou nos prazos de votação para impugnação das candidaturas ou dos resultados das apurações tem impacto tão grande quanto a mudança de lei congressual.[6]

A Constituição pode ser considerada a mais rígida das normas, pois é mais difícil preencher as exigências de quóruns e votações para modificá-la. Sendo assim, quanto mais inferior for a norma, mais fácil será mudá-la. A reforma, portanto, deve começar por elas.

Na sombra, e não ao sol a pino, da emenda constitucional.

A discricionariedade inerente a qualquer legislador concede flexibilidade razoável para mudanças infraconstitucionais, sem mudanças nas normas constitucionais.

A hierarquia normativa não é igual à hierarquia política. A maior rigidez legal não se traduz necessariamente em maior impacto político.

Às vezes, uma mudança infraconstitucional pode ter mais impacto do que uma mudança constitucional.

O terceiro acordo é consequência natural da reforma diferida e multinormativa. Caminha na mesma direção. Trata-se de optar por uma reforma de multipautas. O que isso quer dizer? Mais uma vez me apoio na experiência da aprovação da reforma do Judiciário.

A pauta da Emenda Constitucional 45, por exemplo, incluía vários aspectos da reforma, nem sempre um ao outro conectado, a não ser pelo objetivo comum: tornar a prestação jurisdicional mais ágil e eficiente e o sistema judicial mais ético.

Uma pauta totalmente diferente da reforma política cujo objetivo comum, acredito, seja o de aperfeiçoar a representatividade dos eleitos, defender a moralidade da política e assegurar uma competição eleitoral mais igualitária.

A referida emenda, no início, era uma caixa vazia, que, aos poucos, foi se constituindo numa multipauta. Criou o Conselho Nacional de Justiça, além de dois poderosos instrumentos processuais que nada tinham a ver com o Conselho: a súmula vinculante e a repercussão geral. Estabeleceu o princípio constitucional da razoável duração do processo.

A Emenda 45 também instituiu a constitucionalização de convenções e tratados internacionais de direitos humanos, quando aprovados pelo quórum de emendas constitucionais; previu o alargamento das garantias de imparcialidade dos órgãos jurisdicionais, através de diversas proibições, como, por exemplo, a criação da quarentena. Inexiste uma coerência temática na Emenda 45. Só um objetivo comum.

Assim também a reforma política incluirá um amplo conjunto de temas. Desde a mudança do processo eleitoral: se voto distrital, voto misto, ou deixar como está. O financiamento de campanha. A cláusula de barreira. A possibilidade de reeleição ou não. E por aí vamos. Será inevitavelmente uma multipauta.

O importante é constatar que assuntos díspares serão tratados em único processo decisório. Isso pode ter uma vantagem. Qual?

Os decisores finais são congressistas de igual poder de votos. Mas de interesses desiguais. Para alguns, o tema A é decisivo, e sua posição tem de prevalecer. Para outros, é o tema B. Isto torna o processo de negociação intracongresso mais imprevisível. Em compensação, mais maleável também.

É mais provável a formação de grupos segmentados ou fragmentados do que uma maioria em torno de uma pauta única.

O argumento contrário à estratégia multinormativa é que um projeto com tal grau de imprevisibilidade, tantas são as combinações possíveis, pode acabar gerando um mostrengo. Algo sem sentido.

Tem razão. Em tese pode ocorrer. É um risco. De qualquer lei, de qualquer reforma, aliás.

A combinação final dos múltiplos conteúdos é incerta. Será decidida no jogo democrático. O importante é que as regras da incerteza sejam previsíveis.[7] A estratégia pré-legislativa faz parte da redução de incertezas.

O quarto acordo troca a perspectiva de eternidade da reforma, a crença de que as leis vieram para ficar, pelo caráter de experimentos legislativos. É a reforma experimental.

Por mais bem alicerçado que esteja, com a análise histórica, com um conhecimento estatisticamente fundamentado e com diagnósticos precisos, um projeto de lei é sempre um ato de esperança. Um desejo.

É sempre uma tentativa de, a partir do presente, desenhar o futuro. Do ser, imagina-se e regula-se o dever ser. Com que grau de eficácia? A linha divisória entre o sonho e o pesadelo legislativo, a história mostra, é muito tênue.

Alguns países já preveem, em sua legislação, a possibilidade, às vezes a exigência, de que o Legislativo, depois de alguns anos, avalie se a lei foi adequada ou não, está ou não atingindo seus objetivos. O que confere à lei um *éthos* de experiência social adaptável, aperfeiçoável ou reversível por si mesma.

Os exemplos mais comuns são Canadá e Portugal. Depois de certo tempo, previsto de antemão, reavaliam, e se houver necessidade, aperfeiçoam a nova legislação.[8]

Aqui mesmo no Brasil houve uma tentativa inicial, não exatamente bem-sucedida, dada a sua imensa amplitude e incapacidade de avaliação objetiva, que foi a revisão constitucional depois de cinco anos, estabelecida pela própria Constituição, nas disposições transitórias.

Mas essa não é uma ideia a se desprezar. Fernando Henrique Cardoso tem, por exemplo, proposto a adoção de um novo regime como voto distrital, parcialmente, apenas para eleições de vereadores. Depois seria verificado se, na prática, correções ou mesmo reversões teriam que ser feitas.

Para que todos os quatro acordos se concretizem é importante conhecer quem participará do processo decisório que formulará essa pré-estratégia.

O nó górdio é óbvio. Os decisores são ao mesmo tempo os sujeitos da mudança. É quase autorregulação. É difícil encontrar o interesse da nação tão imbricado com o interesse pessoal.

O caminho normal é o que ocorre agora na Câmara dos Deputados. A instalação de uma comissão especial para tratar da reforma política. Presidida por Rodrigo Maia, tem objetivo de analisar propostas de reforma política em um prazo de quarenta sessões do Plenário.[9] Caminho difícil.

Em 2011, por exemplo, a Câmara e o Senado montaram novas comissões para discussão da reforma política. No entanto, a comissão do Senado, presidida pelo então senador Francisco Dornelles, teve apenas dois, dos seus onze, projetos aprovados. A da Câmara, por sua vez, não teve resultados e encerrou-se em 2012.[10]

A reforma partidária não é uma emenda ou uma lei qualquer. Ela diz respeito, como já notamos, ao destino político dos próprios decisores, os congressistas. Exige-se um *quantum* de estadista na liderança deste processo.

É essencial que as comissões sejam dotadas de legitimidade. Legitimidade como aceitação recíproca. Se a estratégia pré-legislativa que formular não for preliminarmente aceita pelos principais partidos e seus aliados, a reforma morre aí.

Deve-se fazer um levantamento dos projetos existentes e de seus andamentos para poder formular um diagnóstico do grau de aceitação que cada projeto tem. E teria, numa negociação mais adiante.

O pior que pode acontecer é formular um projeto novo, *brand new*, e colocar o nome do relator nele. *Vanitas vanitatum et omnia vanitas*.

Há que se levar em conta a advertência de Nelson Jobim: "Relator é formador de maiorias. Não pode ter ideias." Esta comissão também. Negociar é preciso.

A reforma política hoje é vista como a reforma possível. No começo, todas as reformas possíveis são reformas incertas. Gerir a incerteza seria a principal missão desta comissão.

Essas são as nossas propostas.

Notas

1. FALCÃO, Joaquim; CUENCA, Carlos. "Diretrizes para a nova legislação do Terceiro Setor." In: FALCÃO, Joaquim de Arruda; CUENCA, Carlos (Orgs.). *Mudança social e reforma legal: Estudos para uma nova legislação do Terceiro Setor*. Brasília: Conselho da Comunidade Solidária, 1999, p. 17-55.
2. Cf. FALCÃO, Joaquim. *A reforma do Poder Judiciário: A estratégia pré-legislativa* (no prelo 2015).
3. Sobre o tema, ver <http://www2.camara.leg.br/camaranoticias/noticias/POLITICA/481805-MAIORES-PARTIDOS-QUEREM-REFORMA-POLITICA-COMO-PRIORIDADE.html>. Acesso em 23/02/2015.
4. Cf. <http://www12.senado.gov.br/noticias/materias/2013/08/29/2018sem-o-tranco-da-sociedade-reforma-politica-continuara-unanimidade-estatica2019-diz-renan>. Acesso em 23/02/2015.
5. Roberto Mangabeira Unger é professor da Universidade Harvard (EUA) e foi ministro de Assuntos Estratégicos do governo Lula: "Eu defenderia um presidencialismo que desse grande relevo a mecanismos para resolução de impasses entre o presidente que propõe reformas e o Congresso que resiste. Então eu dou exemplo de três mecanismos desse tipo. Primeiro, deve-se fazer uma distinção entre programa de governo e legislação episódica. O programa de governo tem primazia, pois é até registrado antes da eleição na Justiça Eleitoral. Corre com rito especial

antes de negociação sobre legislação episódica. O Congresso aceita ou recusa. Se o presidente e o Congresso não se acertam sobre o programa, podem talvez se acertar sobre os termos e a realização de uma consulta popular. [...] se não se acertam sobre a consulta popular ou se o resultado da consulta popular não é decisivo, um terceiro mecanismo: cada poder do Estado, o Congresso e o presidente, deve ter o direito de convocar eleições antecipadas, desde que o poder que convoque as eleições, impondo o risco eleitoral a outro poder, tenha que correr ele próprio esse risco". Entrevista ao Programa *Roda Viva*. Disponível em: <http://www.rodaviva.fapesp.br/materia/271/entrevistados/roberto_mangabeira_unger_1993.htm>. Acesso em 06/01/2015.

6. Cf. FALCÃO, Joaquim. "O PMDB e a estratégia legislativa da reforma política". Disponível em: <http://noblat.oglobo.globo.com/artigos/noticia/2014/12/o-pmdb-e-estrategia-legislativa-da-reforma-politica.html>. Acesso em 06/01/2015.
7. PRZERWORSKI, Adam. "Ama a incerteza e serás democrático". Disponível em: <http://novosestudos.uol.com.br/v1/files/uploads/contents/43/20080623_ama_a_incerteza.pdf>. Acesso em 06/01/2015.
8. A respeito do tema, cf. FALCÃO, Joaquim. "Transgressões coletivizadas e justiça por amostragem". In: CARDOSO, Fernando Henrique *et al*. *Cultura das transgressões no Brasil: Lições de história*. São Paulo: ETCO/iFHC/Saraiva, 2008, p. 41-68.
9. Sobre a instalação de comissão especial para reforma política ver <http://www2.camara.leg.br/camaranoticias/noticias/POLITICA/481617-COMISSAO-ESPECIAL-PARA-ANALISAR-REFORMA-POLITICA-E-INSTALADA.html>. Acesso em 23/02/2015
10. Ver também <http://congressoemfoco.uol.com.br/noticias/senado-realiza-sessao-tematica-sobre-reforma-politica/>. Acesso em 23/02/2015

2. Princípios fundamentais para sistemas de votação, digitais ou não
Silvio Lemos Meira

> *O voto deve ser rigorosamente secreto. Só assim, afinal, o eleitor não terá vergonha de votar no seu candidato.*
>
> Apparício Torelly, barão de Itararé

A democracia e sua essência contemporânea, a representação popular

Não há qualquer dúvida de que a vasta maioria dos brasileiros é a favor de uma democracia representativa como parte do processo de governança do país. Há quem diga que tal sistema está falido e que os *representantes* que são escolhidos para mediar a vontade popular não o fazem, não chegam nem perto. Por outro lado, e mantendo a ideia de democracia como parte fundamental dos valores da sociedade brasileira, ainda não existe qualquer outro meio, nem sequer perto de se estabelecer, que se pense e possa ser usado, de forma efetiva, como mecanismo de tomada de decisão legislativa e executiva. Porque a judiciária, como se sabe, é por concurso e carreira (nos cargos iniciais) e indicação e aprovação (nos cargos maiores). A menos que estejamos dispostos a tentar alguma forma similar para a escolha de ocupantes dos cargos no Legislativo e

Executivo, vamos conviver, ainda por algum tempo, com eleições para vereadores, prefeitos, deputados, senadores, governadores e presidentes.

Se você está pensando que, em função da propagação das redes sociais no Brasil e no mundo, pode haver nestas, em curto espaço de tempo, mecanismos equivalentes à democracia direta, através dos quais os *eleitores* escolheriam, em rede e em tempo real, as alternativas para o Executivo dar conta, sem qualquer mediação equivalente ao Legislativo atual... pense de novo. Isso equivaleria a muitas *eleições*, às vezes mais de uma por dia, sobre os assuntos mais variados, para as quais a vasta maioria dos eleitores não teria, primeiro, qualquer informação de qualidade que as orientasse a escolher entre as alternativas em jogo. E, mesmo que tivesse a informação, é de se supor que, mesmo tendo tempo para estudar as alternativas, não haveria como distribuir o entendimento do problema e das consequências de decidir por uma das várias alternativas de solução, de tal forma que o voto individual fosse (verdadeiramente) consciente e o resultado representasse, de fato, a vontade da maioria e o respeito e a proteção dos direitos das minorias, preceitos essenciais dos regimes democráticos.

Isso sem falar que, vinte anos depois de a internet começar a conectar pessoas e instituições e dez anos depois de as redes sociais on-line passarem a fazer parte do dia a dia de quase todos (que estão conectados) em todo o mundo, progredimos muito pouco, quase nada na direção de criar mecanismos *universais*, *eficientes*, *eficazes*, *econômicos* e *transparentes* para *construção de consenso coletivo*. Consenso, você sabe, é quando todos concordamos que alguma, entre várias alternativas, deve ser a de todos nós, mesmo que alguns, talvez muitos de nós, não concordemos que aquela é a melhor... mas que é a realizável, factível naquele momento. Não é, claro, quando 51% decidem por A e 49% por B e, a partir daí os que perderam — quase a metade — têm de se sujeitar à vontade e decisões dos que ganharam, por muito tempo. Por isso que a gente ouve falar tanto de alternância de poder; mudar quem decide e executa decisões, mesmo que tudo esteja dando certo e por muito tempo, faz bem ao processo de tomada de decisões. E, claro, ao processo de escolha de representantes, nas democracias.

Mesmo se descartarmos a criação de consenso coletivo e resolvermos que a rede deveria ser (*apenas*) parte do processo de escolha de alternativas para governar, no sentido amplo, imagine eu e você votando, conscientemente, nesse instante, o regime tarifário de importações de bens e serviços. Conseguiríamos dar conta da complexidade dos mercados globais de hoje, dos acordos e tratados que o país fez e do que nos interessa, do ponto de vista de política, estratégia, trabalho, emprego, renda etc. — em chips de computador e reagentes para análise genética... — a ponto de decidir que um, outro ou nenhum dos dois devem ser taxados?

Difícil (ou quase impossível), se o *colégio eleitoral* forem os brasileiros com graduação e talvez pós-graduação em áreas relacionadas ao assunto. Impossível (ou inimaginável), se incluirmos todos os brasileiros. Sim, você diria, mas os tais representantes do povo estão mais preparados do que nós, simples eleitores? A vasta maioria muito provavelmente não. Por causa disso é que nós, povo, pagamos a caríssima e quase sempre competente assessoria que, se os representantes soubessem usar, e votassem corretamente as propostas de leis, depois de eleitos, como nos prometeram em campanha, as decisões do Legislativo e as correspondentes ações do Executivo seriam bem mais consistentes (entre elas próprias) e coerentes (com a vontade popular).

Preceitos essenciais de mecanismos de escolha de representação popular

Se renunciarmos, por enquanto, à ideia de que seria possível, em rede, agora, ter mecanismos muito mais presentes e diretos de representação popular no Legislativo e no Executivo, vamos cair no caso clássico da eleição de representantes, parlamentares e governantes. E isso implica, uma vez ou outra, chamar os cidadãos às urnas para escolher quem vai tomar conta do país. Se bem que, nos últimos anos, parece muito mais ter sido a eleição de quem vai tomar o país para si. Mas vamos, por enquanto, deixar isso para lá, também. Imaginando que continuaremos elegendo mandatários (literalmente, aqueles que têm um mandato para fazer algo), tal deveria ser feito por um processo que atendesse aos preceitos de *universalidade, eficiência, eficácia, economicidade* e *transparência* para *construção da representação popular*. Volte três parágrafos e note que esses cinco princípios para a definição da representação popular são os mesmos que deveriam estar por trás do eventual consenso em rede, como não poderia deixar de ser.

O Brasil tem sistema e processos eleitorais originados na ditadura Vargas, quando foi criada a Justiça Eleitoral, da qual o ápice, hoje, é o Tribunal Superior Eleitoral. O TSE e suas regionais, os TREs, cuidam de todas as eleições brasileiras com a devida seriedade e zelo, desde a escolha dos vereadores e prefeito de Taperoá (PB) até a dos senadores e presidente. E o TSE — e o processo eleitoral brasileiro — tem uma história recente de inegável sucesso, especialmente aos olhos de quem não consegue ver o sistema eleitoral como um todo, dos pontos de vista combinados de *universalidade, eficiência, eficácia, economicidade* e *transparência*. A história seria outra, talvez, para observadores que tivessem a curiosidade de fazê-lo.

O que todos costumam notar, e o que é mais alardeado pela propaganda oficial e oficiosa, é a *eficiência* do sistema. Em um país com as dimensões, a população, a diversidade de competências pessoais e as complicações logísticas analógicas (urnas em todos os lugares onde há eleitores) e digitais (transporte de dados de forma quase imediata para os centros de apuração) do Brasil, o sistema eleitoral existente tem demonstrado *inequívoca eficiência* nos processos de captura das intenções de votos e sua consequente apuração e publicação dos resultados. A comparação mais básica que qualquer brasileiro pode fazer é com a eleição para presidente dos EUA, lembrando aquela votação da Flórida em 2000, que decidiu a presidência a favor de George W. Bush, em detrimento de Al Gore. Foram dias e dias de recontagem de votos, sem que a decisão final fosse convincente e tirasse do ar a impressão de que Gore foi *garfado*, no estado onde o governador era irmão de Bush.

Tal situação jamais aconteceria no Brasil, claro. Primeiro porque nosso sistema é diferente; quem elege o presidente não é o número de delegados eleitos por estado (que nos EUA elegem o presidente, indiretamente), mas a maioria simples dos votos de todos os eleitores, consignados nos estados. Na eleição de 2000, nos EUA, Gore teve mais votos populares do que Bush, mas perdeu a eleição. Se ganhasse a Flórida, Gore teria os delegados para ser presidente, porque a eleição não é nacional, como no Brasil; lá, quem ganha um estado leva os delegados correspondentes, todos.

Mas há outra razão pela qual a situação americana jamais se repetiria no Brasil: *aqui é impossível recontar os votos*. Se perguntarmos ao TSE por que esse é o caso, os representantes do Tribunal quase certamente diriam que: *não é impossível recontar os votos; acontece que não é preciso, pois, como a contagem é perfeita, todas as recontagens dariam o mesmo resultado*. E — considerando o funcionamento atual do sistema eleitoral — o TSE terá razão. Mas, infelizmente, apenas em parte. E a parte da razão que lhe falta, na sentença em itálico, acima, vai tirar do sistema eleitoral brasileiro uma das que deveria ser sua propriedade essencial.

Antes de explicar por que, vamos lembrar o significado de dois termos importantes. Primeiro, *eficiência*, que denota a celeridade da solução de um problema. Se há um vazamento d'água no seu prédio, fechar o registro geral pode ser a solução mais eficiente, porque vai evitar o desperdício do precioso líquido, eventuais inundações, contas e multas, além de prejuízos que o vazamento poderia causar a tapetes, quadros, eletrônicos etc. Mas fechar o registro não resolve o problema de fato; é rápido, mas tem o efeito colateral de deixar o prédio sem água, o que será um alívio na primeira hora, porque se evitou o pior.

Mas esta *solução* se tornará um transtorno imediatamente, já que tudo o que precisa de água não será feito. Ou seja, fechar o registro *é uma solução eficiente, mas não é eficaz*. Nossa segunda palavra-chave, *eficácia*, denota a qualidade da solução; e o desejável, para resolver uma grande classe de problemas, é que a solução utilizada seja, ao mesmo tempo, eficaz e eficiente. No caso do prédio, uma solução eficaz, que seria o conserto do vazamento, não poderia prescindir de eficiência, que envolve fechar o registro e cuidar para que um conserto de boa qualidade seja feito rapidamente.

Não é possível demonstrar que a votação eletrônica é eficaz

Já sabemos que o sistema eleitoral do TSE é eficiente; mas será que ele é eficaz? Já sabemos que eficácia deveria ser uma propriedade essencial de qualquer solução de qualidade. Eficácia é uma condição fundamental para a sustentabilidade de qualquer solução, também. Mas *é impossível afirmar que o sistema de voto eletrônico é eficaz.*

Por quê? Para começar, e isso já é suficiente, porque *é impossível auditar o processo de captura das intenções de voto do eleitor.* Por auditar entenda uma fiscalização independente, feita por terceiros, não diretamente envolvidos na execução do processo eleitoral. Por que é impossível? Porque o processo eleitoral não deixa rastro, porque não há uma trilha de informação, seja qual for, independente da urna, que possa ser usada para verificar se as urnas registraram, de fato, o que os eleitores digitaram como suas escolhas, ao mesmo tempo que se protege, claro, o sigilo do voto. Isso é fácil de ser resolvido? Sim; a forma mais propalada é imprimir cada voto e depositar numa urna física acoplada à urna eletrônica.

Se o sistema do TSE usasse tal tecnologia (ou qualquer outra que permitisse verificação *a posteriori* das intenções de voto), seria possível combinar, no caso da urna eletrônica, eficiência com eficácia. Uma impressora, acoplada à urna digital, imprimiria um voto que, conferido pelo eleitor, seria depositado numa urna analógica, parte do sistema de votação na seção eleitoral. A votação teria sua celeridade atual e a computação dos votos totais idem, mas o resultado ficaria *sub judice*, a ser validado por uma auditoria independente dos conteúdos das urnas analógicas e dos registros eletrônicos equivalentes. Claro que não seria preciso contar todos os votos físicos, a não ser que houvesse indícios de fraude; uma porcentagem de urnas seria escolhida por sorteio, feito de forma transparente e também auditada.

Eu, você e todo eleitorado brasileiro cremos, piamente, que todos os votos que foram digitados nas urnas eletrônicas brasileiras *foram computados como foram digitados*? Você eu não sei, conheço muitos eleitores que têm certeza (sem ter provas) de que as urnas podem ser manipuladas e eu... bem, eu diria como W. Edward Deming, patrono da qualidade total na engenharia: *In God we trust; all others bring data*. Ou seja, não dá para acreditar na eficácia da urna do TSE porque não é possível provar, nem por amostragem, que ela resolve o problema que deveria resolver, que é o de registrar o que o eleitor digitou. Se não há garantia da eficácia deste primeiro passo do processo de escolha de representantes — o que deveria ser elementar —, como garantir que o sistema eleitoral, como um todo, é eficaz?

Votos são digitados nas urnas (1); são transmitidos pela rede (2); são totalizados por um sistema de informação (3); e o resultado é publicado e... não há provas de eficácia de nenhum dos três grandes passos do processo de votação e apuração e, óbvio, tampouco da eficácia da conjugação dos passos (e dos sistemas que os implementam). Concluir que o sistema eleitoral é eficaz, portanto, é um ato de fé. É isso que o TSE exige do país há tempos, desde a primeira eleição eletrônica. E é, basicamente, com base nessa fé que um monte de gente, eleita, assume seus cargos. E é por ignorar que o sistema (desde a urna) é *estruturalmente ineficaz* que partidos e candidatos, em eleições mais recentes, têm pedido aos TREs e TSE, aqui e ali, para recontar os votos. Perda de tempo, pois, como já se disse, não há o que recontar.

O sistema eleitoral brasileiro não é transparente

O sistema eleitoral digital do TSE prescinde de um requisito básico que, algures, é exigência de sistemas que cuidam de algo tão crítico para a democracia como a eleição de representantes: *o sistema eleitoral (eletrônico) brasileiro não é transparente*. Na prática, e não apesar, mas por causa do limitadíssimo acesso que uns poucos terceiros têm tido, até aqui, ao software que faz com que a eleição brasileira seja como é, não se tem ideia do *que*, nem *como*, é feita — *por dentro* — a eleição brasileira. Dentro da urna; dentro da transmissão de informação, dentro da apuração.

Se alguns grupos tiveram acesso limitado ao que se pensa que é — mas não há certeza do que é, de fato — o software que roda nas urnas (e apenas nas urnas), nunca, ninguém, nenhum auditor externo e independente, teve acesso ao sistema como um todo, como montado para o tempo de votação ou nem sequer entendeu como ele funciona. E muito menos acompanhou o processo em tempo real, na realização de uma eleição qualquer. A democracia brasileira, pois, tem como ponto de partida — a eleição de representantes do povo — ações e escolhas a cargo de uma caixa-preta que não presta contas a ninguém.

A Associação Brasileira de Normas Técnicas (ABNT) tem um conjunto de diretrizes para auditoria de sistemas de informação como o que é usado nas eleições brasileiras. Um dos princípios recomendados pela ABNT é o da *independência* entre os grupos responsáveis por diferentes etapas do ciclo de vida do sistema. Caso os processos do TSE fossem guiados pelas normas da ABNT (que são equivalentes às boas normas internacionais), haveria grupos independentes (mesmo) para (pelo menos) especificar, desenvolver, testar, operar e auditar *todo* o sistema. Claro que este não é o caso, nem poderia ser, porque, como já dissemos, o sistema eleitoral não é transparente.

Parece que a tese central por trás de tal falta de transparência é um conceito — em franco desuso — que a comunidade de segurança de informação rotula como *security through obscurity*, ou segurança por obscuridade (ou segredo). A ideia central de tal tipo de política de desenvolvimento e operação de sistemas de informação é manter o maior sigilo possível sobre algo (no caso das eleições, seus sistemas de informação, seu hardware e software), pois, sem saber o que é e como funciona, menos gente teria condições de enviesar, para seus fins, o comportamento do sistema (como um todo ou de partes dele).

Tudo o que tal tipo de política de *segurança* garante, no entanto, é que os defeitos (*defects*), erros (*bugs*, problemas na concepção e escrita do software) e buracos (*back doors*, formas de entrar no sistema que são desconhecidos por quem o desenvolveu) que se tornam conhecidos por poucos serão usados por estes, para seus fins, quase sempre sem que ninguém mais saiba (especialmente aqueles que são formalmente responsáveis pelo sistema). Para que se tenha uma ideia do tamanho do problema, projetos de software do porte do sistema eleitoral brasileiro, quando de acordo com as melhores normas internacionais de qualidade, apresentam cerca de *um bug por cada mil linhas de programação*.

Os testes públicos... que não testam quase nada

No último teste aberto ao público, o TSE concedeu um prazo de *cinco horas* para que grupos interessados analisassem eventuais problemas de mais de *10 milhões de linhas de código* que apresentou como se fossem da urna eletrônica. Em apenas uma hora de esforço, um grupo liderado pelo professor Diego Aranha (hoje na Unicamp) descobriu um *bug* fundamental, que possibilitava a quebra do sigilo do voto.

Claro que é impossível analisar e descobrir onde estão os defeitos e *bugs* de dez milhões de linhas de código em cinco horas. Ainda mais porque, se a engenharia de software do TSE estiver dentro dos padrões internacionais de qualidade de processos de desenvolvimento de software, não seria de se estranhar se o software da urna, apenas ele, tivesse cerca de *dez mil bugs*. Haja oportunidade, desconhecida por quem está aqui fora, para algo dar errado numa eleição.

Isso, sempre descartando nesta análise a má-fé de indivíduos dentro do próprio time envolvido no desenvolvimento, manutenção, evolução, implantação e operação do sistema. Acreditar que não há (nem houve, ou haverá) nenhuma má-fé entre os muitos agentes envolvidos é, certamente, mais um ato de fé. Se a NSA (Agência Nacional de Segurança dos EUA) não consegue prevenir a existência dos Edward Snowden entre os seus, como outras instituições de Estado, lá e cá, que usam crivos de segurança física, de pessoal e de informação bem menos estritos, podem se fiar na inexistência deles?

Dito isso, demos conta de três das cinco (veremos que são seis!) propriedades essenciais — ou princípios fundamentais — de um sistema eleitoral: o nosso passa com louvor em eficiência, tira nota perto de zero em transparência e isso tem como consequência deixá-lo sob a permanente suspeita de não ser eficaz.

Sobre universalidade e economicidade

Mas o sistema eleitoral brasileiro atende ao princípio da *universalidade* na teoria e na prática? Sim, todos os que querem se candidatar e têm direito líquido e certo a fazê-lo podem ser candidatos e aparecem na urna como tal... e todos os que estão inscritos como eleitores não só conseguem votar, sem grandes atropelos na quase totalidade dos lugares, mas são, em tese, obrigados a votar. Apesar disso, cerca de 20% não têm ido às urnas nas últimas eleições, o que, somado a outros quase 20% de votos brancos e nulos, diz muito sobre o que boa parte do eleitorado parece pensar da representação democrática que temos hoje no Brasil. Essa deveria ser uma das maiores preocupações de todos nós, inclusive do TSE, mas parece que estamos passando ao largo de dados tão relevantes e urgentes.

Há uma coisa a ser dita, sobre universalidade: nosso sistema é universal até demais, porque ainda há gente que não foi votar e teve o voto registrado, e isso não foi antes das urnas eletrônicas ou biométricas. Pelo que se ouve, está acontecendo e, em face das peculiaridades da eleição brasileira, parece continuar não sendo difícil, especialmente em cidades pequenas, mudar a composição das câmaras de vereadores. Não é difícil imaginar, em eleições apertadas, e como os retornos são muito significativos mesmo em relação ao alto risco que se corre, que disputas para cargos bem mais altos do que uma vereança poderiam ser influenciadas por fatores sistêmicos (pessoas são parte do sistema) mas extratecnológicos (pois não podem ser controlados pela tecnologia atual).

Sem entrar em detalhes que iriam além do escopo deste texto e do objetivo deste livro, imagine o que um grupo mal-intencionado, equipado apenas de smartphones, poderia fazer numa votação em que umas urnas fecham antes de outras e quando se tem o mínimo de acesso —

externo, não se trata de invasão de urna ou sistema — às urnas que fecham por último. Imaginou? Eleger um vereador, em detrimento de outro, é trivial em certos contextos...

Agora, por uns parágrafos, vamos mudar um pouco o foco, sem sair do tema. E se a eleição brasileira, a que é decidida, executada, acompanhada e dirimida pelo TSE, fosse feita sobre uma plataforma já existente de rede social, que já tivesse quase todos os eleitores lá, *quanto custaria*? Primeiro, era preciso garantir universalidade, certo? Decerto. Para tal, bastava que todo mundo tivesse acesso à internet, o que é uma verdade de fato e de direito no Brasil atual, em relação a coisas de Estado. Um exemplo simples e amplo é o Enem: só é possível fazer inscrição para o exame na internet e todo o sistema de acesso a vagas e financiamento do ensino superior privado só existe na internet. Logo, o Estado assumiu que é razoável que pessoas, para exercer um direito (inscrição no exame, e mais...), têm de descobrir, por elas próprias, um meio de acessar a internet. Acesso, pois, seria um problema resolvido, pois já está (!).

Mantidos os atuais preceitos para realização de uma eleição qualquer no Brasil, fazê-la on-line não a tornaria menos eficiente e seria certamente mais econômico (adeus, urnas!). Não dá para saber se seria mais eficaz, pois não é possível afirmar qual é a eficácia da eleição atual. Uma eleição on-line seria pelo menos tão universal quanto a sistemática atual, provavelmente mais, se (e pode ser um grande se) os eleitores não forem coagidos a votar em certos candidatos ou impedidos de votar, seja lá em quem for. Uma eleição virtual seria tão transparente quanto é hoje, se o TSE cuidar de seu ciclo de vida do software da mesma forma que cuida hoje. Escolhida uma forma (e há muitas) para cada eleitor só votar uma vez, e ele mesmo, uma eleição de representantes através da web, em redes sociais ou não, hoje, seria pelo menos tão efetiva (a combinação de todas as propriedades já citadas) quanto a eleição atual. Mas tal evento, considerando o contexto atual, está nas raias da ficção. Científica.

Quanto custa o processo de escolha da representação democrática? O orçamento do TSE para 2014 (anos que têm eleições presidenciais custam, obviamente, mais) foi superior a 6 bilhões de reais, com cerca de três quartos dos recursos destinados à gestão do processo eleitoral. Os gastos com a Justiça Eleitoral são parte do preço da democracia representativa e totalizaram apenas 0,25% do orçamento da União em 2014. Mas equivale a *apenas* 75% dos recursos do Ministério de Ciência e Tecnologia no mesmo ano, e talvez valesse a pena considerar se os gastos com as eleições, no Brasil, atendem *princípios fundamentais de economicidade*.

Ao fazer isso, teríamos de perguntar se seria possível fazer eleições iguais ou melhores do que as que temos (no sentido das propriedades enunciadas neste texto) com menos recursos do que atualmente usamos. Só para citar um dado, o custo do processo eleitoral, por voto, na Austrália, ficou perto de 17 reais nas eleições de 2010. Fazendo as contas com 142 milhões de eleitores e 6 bilhões de reais de orçamento em 2014, o custo (aproximado) por voto, no Brasil, é mais do que o dobro do australiano. O que talvez queira dizer que precisamos — e poderíamos — fazer eleições bem mais econômicas.

Concluindo: Qual é, mesmo, o problema do sistema eleitoral brasileiro?

Por fim, resta discutir uma sexta propriedade, talvez o sexto e fundamental sentido que falta ao sistema eleitoral brasileiro. O maior problema do sistema eleitoral não tem qualquer relação com urnas eletrônicas, identificação de eleitores, votação, transmissão e apuração de resultados. *O grande problema do sistema eleitoral brasileiro é o sistema*, ele próprio e, em particular, o TSE.

Esqueça isso, por enquanto, e imagine um cenário onde um único e mesmo órgão (em qualquer área de atividade, especialmente do Estado) define políticas, faz regras e regimentos, escolhe estratégias, desenvolve sistemas e cuida de todo o seu ciclo de vida, usa esses sistemas para dar conta de parte de seu papel institucional, acompanha e avalia esse uso para ver se deu tudo certo (e sempre dá...) e, se alguém, um usuário, observador ou instituição qualquer tiver alguma diferença a resolver, em função de (in)capacidades ou supostos defeitos, erros ou malfeitos no processo a cargo do órgão (originados por sua ação ou inação), a disputa com tal órgão é decidida por este, em caráter terminativo, sem qualquer possibilidade de recurso. Numa democracia, parece um anátema, não? Na China, tudo bem, há muita coisa que teria exatamente essa descrição. Mas no Brasil?

Sim, no Brasil. E a descrição anteriormente esboçada é aplicável ao TSE, quase *ipsis litteris*, no caso do processo eleitoral. Há uma pequena possibilidade de recurso, onde a probabilidade de sucesso é mínima, que é recorrer ao Supremo Tribunal Federal (STF). Mas os juízes do TSE são juízes do STF e não parece haver nenhum caso relevante onde alguém ou alguma instituição teve a sorte de ter uma decisão do primeiro revertida pela última instância. Então, na prática, tudo no processo eleitoral se resume ao TSE. Resultado? O processo eleitoral brasileiro não passa pelo crivo da *modularidade*, porque o TSE trata todo o processo eleitoral de forma vertical, monolítica, exercendo simultaneamente papéis de legislador, administrador (executivo) e juiz.

Isso faz com que quase toda a discussão sobre a sanidade do processo eleitoral brasileiro, por mais densa que seja, se perca ao vento. Como o ator que verdadeiramente interessa e importa é autorreferente, há dificuldades imensas em externar discussões que certamente devem existir internamente, sobre, por exemplo, a segurança da urna eletrônica.

Essa e outras discussões, em função do caráter monolítico da corte no que tange a tudo o que se refere às eleições, ficam presas em suas estruturas internas e qualquer tentativa de aumentar a transparência do sistema eleitoral (que já vimos que é um crivo pelo qual ele não passa) é freada como uma ameaça, capaz de levar à fragmentação do *monólito TSE*. E é capaz mesmo. E é por isso que os problemas que muitos (inclusive o autor) veem, associados ao sistema de informação eleitoral, só vão ser tratados de fato quando houver uma reflexão, no TSE, de forma ampla e irrestrita, sobre o sistema eleitoral, seu desenvolvimento e operação digital e o papel do tribunal no processo como um todo.

Sem isso, *sem modularidade no sistema* e sem que o TSE seja responsável apenas pelo que um tribunal deveria ter como responsabilidades, *o sistema eleitoral brasileiro jamais atenderá, simultaneamente, aos princípios e universalidade, eficácia, eficiência, economicidade, transparência e modularidade*. O que será uma pena, pois, outrora pioneiro em eleições digitais, com os sistemas eletrônicos de votação de primeira geração, o Brasil se distancia, há anos e cada vez mais, das fronteiras contemporâneas de efetividade dos sistemas eleitorais (digitais), qual avestruz assustado com a cabeça enfiada na areia, ignorando a evolução do mundo ao redor porque não o ouve e não o vê. O TSE tem pessoas e meios para retomar a liderança global e efetiva dos sistemas eleitorais. Para tal, tem de fazer, ao mesmo tempo, mais e menos.

O TSE tem de exercer muito mais seu papel de tribunal, como tal, e distribuir, fazendo muito menos atividades, os outros papéis do ciclo de vida eleitoral para outros agentes, que, se ainda não existem, devem ser criados, levando em conta a economicidade do sistema como um todo. O que é insustentável, no longo prazo, é fazer tudo como vem sendo feito, para terminar, lá na frente, deixando de fazer porque não será mais aceitável. Antes que não seja, é o próprio TSE que deve redesenhar a rede de valor das eleições, criando espaço para que se desenvolvam competências nacionais de classe mundial.

E tal processo, de (re)desenvolver tal rede de competências em sistemas eleitorais, envolve também o ponto de vista de negócios. Pois se há alguma coisa na qual o Brasil poderia e deveria estar liderando e fornecendo para o mundo, em soluções de tecnologias de informação e comunicação, são os sistemas de votação. Quase chegamos lá, no passado. Perdemos a janela de oportunidade, por pouco. Agora estamos muito longe, de novo. Mas sabemos, como poucos, o que tem de ser feito, como, quando, por quem, onde e para quem. Perder tais oportunidades será um erro do tamanho do Brasil. Ou, melhor, do mundo.

Agradecimentos

Agradeço a Diego Aranha (professor do Instituto de Computação, Unicamp) e a Carlos Rocha (engenheiro e Samurai) as inúmeras conversas sobre sistemas eletrônicos de votação e a revisão do texto. E sou muito grato ao professor Joaquim Falcão (FGV Direito Rio), pois sem sua carinhosa insistência o artigo não teria sido feito.

3. Pelo fim (ou início) do voto obrigatório no Brasil
Fernando Fontainha

Este breve ensaio visa propor para o Brasil o fim do voto obrigatório. Para tanto, utiliza-se de uma comparação com o caso francês como elemento de estranhamento da nossa realidade eleitoral. Não se pretende aqui a realização de uma análise acerca das muitas teorias políticas do voto, mas apenas contrastar os quadros legais e as taxas de abstenção eleitoral no Brasil e na França para extrair uma contribuição ao debate.

Construindo a comparação

Como brasileiro, só entendi o verdadeiro significado do nosso voto obrigatório quando, em 2010, ministrei o curso de Introdução à Ciência Política para os alunos do primeiro período da Faculdade de Direito de Montpellier, na França. Na aula sobre "o voto", tentei explorar a comparação com o Brasil como artefato pedagógico, visando estimular ao menos o interesse deles. De cara, a turma inteira discordou da comparação segundo a qual o principal contraste entre os dois países seria que lá o voto é facultativo e aqui é compulsório.

Muito embora essa distinção seja relativamente bem estabelecida na literatura de ambos os países,[1] os alunos me apresentaram argumentos interessantes. A Constituição francesa dispõe apenas que o voto é um direito e um dever de todo cidadão. Eles disseram que é errado dizer que o voto na França não é compulsório, uma vez que o *Code Électoral* dispõe expressamente que a inscrição nas listas eleitorais é obrigatória. O argumento deles era o de que a única *sanção* contra a não inscrição era a de não poder votar. Não votar, por sua vez, é omissão que carece de qualquer *sanção* legal.

Convidado a falar sobre o Brasil, disse que por aqui a inscrição eleitoral e o voto são expressamente compulsórios, ressalvadas poucas exceções. Ávidos por aprofundamento, perguntaram sobre o que aconteceria com quem não votasse. Respondi que a lei impunha uma série de restrições a práticas de vários atos jurídicos relevantes. A pergunta seguinte foi: há maneira de levantar essas restrições? E de fato há. Num prazo confortável, se pode justificar o não comparecimento às urnas, ou pagar uma multa de valor simbólico.

Em ato contínuo, eles me responderam em consenso: então é errado dizer que o voto no Brasil é obrigatório. Pareceu-me uma base interessante para a reflexão, tomar a *sanção* imposta pelo Direito à omissão eleitoral como critério fundamental para a análise da obrigatoriedade do voto. Aliás, o enlace entre Direito e sociedade em Durkheim é feito com base nestas duas premissas: o Direito é um termômetro da moral;[2] o Direito se realiza na sociedade através da *coação*.[3]

Ainda sobre o curso para os alunos franceses, esse debate me permitiu reformular o tema que eu havia preparado para uma aula posterior: a abstenção eleitoral. Considerei interessante analisar esse fenômeno a partir do quadro jurídico sancionatório da omissão em votar. A aula foi extremamente profícua. Tempos depois, já após meu terceiro ano de trabalho na FGV Direito Rio, pude voltar à temática, justamente no projeto que deu origem a este livro.

Sobre o tema da abstenção, pude discorrer muito brevemente em um vídeo;[4] nesta contribuição, pretendo, num segundo momento da reflexão, analisar comparativamente a abstenção eleitoral na França e no Brasil.

Brevíssimas considerações sobre o voto obrigatório na França e no Brasil

Se uma origem pode ser atribuída à construção da dicotomia entre o voto facultativo e o compulsório, ela remonta ao debate entre Rousseau[5] e Sieyès.[6] Para o primeiro, o voto é um direito (teoria do *électorat-droit*) de todo cidadão, que é principal detentor da *sua* fração do eleitorado. Como titular personalíssimo dessa fração, é sua a decisão de se engajar ou abrir mão da sua participação política.

Para o segundo, o voto é um dever (teoria do *électorat-fonction*) de todo cidadão, mas *pertence* à nação, a quem cabe designar quem está apto a cumprir essa tarefa. Sendo o eleitorado uma função da nação, não caberia a cada eleitor individualmente a prerrogativa do não exercício do voto. Esta teoria fundamentou por muitos anos o chamado *voto censitário*, bem como as limitações objetivas ao corpo eleitoral.

Muitos foram os juristas franceses adeptos do voto obrigatório com base na teoria do *électorat-fonction*. O mais celebrado deles, o publicista Carré de Malberg,[7] defendia que o voto é exercido pelo cidadão, mas pertence à coletividade. Assim, a margem de liberdade individual ao votar estaria enquadrada na Constituição, e não poderia ser exercida fora dos seus limites. Uma de suas conclusões é a de que a abstenção eleitoral não justificada constituiria uma infração à Constituição, e demandaria do Direito uma sanção repressiva.

Assim, a legislação francesa é taxativa quanto à obrigatoriedade da inscrição eleitoral e do voto, não estipulando, entretanto, sanção de qualquer natureza. Voltaremos a esse assunto no próximo tópico, bem como falaremos sobre constantes iniciativas legislativas visando a *efetivação* do voto compulsório na França.

Em relação ao Brasil, a título de um breve ensaio sobre nosso voto compulsório, não poderia sintetizar melhor que Porto,[8] autor do respectivo verbete no *Dicionário do Voto*:

Escrevendo em 1922, dizia Tavares de Lyra: "Sobre o voto, temos ensaiado todos os sistemas conhecidos, com exceção, apenas, do voto obrigatório, do voto proporcional e do voto às mulheres."[9] Mas ele se equivocava, pois as multas indicadas pela Lei nº 387, de 1846, para os que faltassem às reuniões dos colégios eleitorais ou não participassem da escolha de juízes de paz e vereadores indicavam um começo de voto obrigatório no Império. Em projeto de reforma eleitoral apresentado em 1873, o deputado João Alfredo Corrêa de Oliveira sugeria, entre outros itens, o voto obrigatório. A comissão especial designada para dar parecer sobre a proposta afirmou não ser aquele "um princípio novo na nossa legislação; já existe quanto à eleição de vereadores e de juízes de paz e à eleição secundária, e é apenas aplicado à eleição primária; já existe quanto ao exercício de cargos e funções políticas nas juntas e mesas paroquiais, nos conselhos municipais, nos colégios eleitorais, no juizado de paz, nas câmaras municipais, no júri, e em outras várias instituições de caráter político ou administrativo. Assim, pois, o projeto apenas supre, quanto à eleição primária, uma lacuna da legislação vigente; destrói simplesmente uma exceção, cuja existência tem autorizado o desuso da regra relativamente à eleição municipal e ao exercício dos referidos cargos e funções políticas".[10] O projeto não foi aprovado. E o Código de 1932 é que viria trazer, em definitivo, e de modo amplo, a obrigatoriedade de inscrição do eleitor e do voto. Comentando o fato, afirmou João Cabral que "discutida preliminarmente a questão da obrigatoriedade da inscrição e do voto, e bem ponderadas as dificuldades práticas, já experimentadas alhures, particularmente em relação à segunda, resolveu a subcomissão optar pelos meios indiretos conducentes a tornar efetiva essa obrigatoriedade".[11] Estabeleceu, então, o projeto que nenhum cidadão, nas condições de ser inscrito eleitor, poderia ser eleito ou nomeado para exercer qualquer mandato político, ofício, emprego ou cargo público, se não provasse que se achava inscrito. Quanto ao exercício do voto, só se criariam "na parte do processo eleitoral, vantagens para os que provarem com as anotações nos seus títulos, haverem mais votado nas últimas eleições".[12] O código atual, instituído pela Lei nº 4.737, de 15 de julho de 1965, dispõe, em seu art. 7º, que "o eleitor que deixar de votar e não se justificar perante o juiz eleitoral até sessenta dias após a realização da eleição incorrerá na multa de três a dez por cento sobre o salário mínimo da região". Essas multas, no entanto, nunca são cobradas, pois, ao fim de cada pleito, apressa-se o Congresso a votar projeto de lei com o perdão aos faltosos.

Assim, os dilemas eleitorais brasileiros seriam: 1) o alargamento progressivo do corpo eleitoral até o atual sufrágio universal;[13] e 2) a (desejada) ineficácia das normas sancionatórias da abstenção não justificada.

Antes de examinar um pouco mais amiúde os enquadramentos jurídicos do voto nos dois países, fica a seguinte provocação: é a existência ou a efetividade das sanções do Direito Eleitoral à abstenção não justificada que determinam se o voto em um país é compulsório ou facultativo?

O quadro jurídico francês

Na França, o código eleitoral dispõe expressamente sobre a obrigatoriedade da inscrição eleitoral, porém nada dispondo sobre o voto. Ainda assim, não dispõe tampouco sobre a não inscrição, sendo a impossibilidade de votar a única sanção existente, tacitamente. A exceção a essa regra ocorre nas eleições para a composição do Senado, quando a abstenção sem justificativa gera uma multa considerável, mas não para todos os eleitores. Estão sujeitos à multa apenas os eleitos (*élus*, titulares de cargos públicos eletivos). Também se depreende da leitura dos artigos iniciais do Código Eleitoral Francês um poder considerável atribuído aos juízes no tocante às medidas suspensivas do direito de voto dos cidadãos. Senão vejamos:

Artigo L1 O sufrágio é direto e universal.
Artigo L2 São eleitores as francesas e os franceses com dezoito anos completos, na fruição de seus direitos civis e políticos e não estando em nenhuma das hipóteses de incapacidade previstas pela lei.

Artigo L5 Logo que se instaura ou se renova uma medida de tutela, o juiz estatui sobre a manutenção ou supressão do direito de voto da pessoa protegida.

Artigo L6 Não devem ser inscritos na lista eleitoral, durante o prazo fixado pelo julgamento, aqueles que os tribunais provaram do direito de voto e de eleição, pela aplicação das leis que autorizam esta proibição.

Artigo L9 A inscrição nas listas eleitorais é obrigatória.

Os decretos do Conselho de Estado regulam as condições de aplicação do presente artigo [tradução minha].[14]

Inicialmente é importante mencionar que o Conselho de Estado não editou decretos tendentes a regulamentar a obrigatoriedade de inscrição nas listas eleitorais, ao menos no tocante ao estabelecimento de sanções à não inscrição. Entretanto, não é incomum a propositura de projetos legislativos tendentes a tornar o voto obrigatório na França. Apenas nos anos de 2002 e 2003, período em que a abstenção eleitoral se tornou um assunto em voga, três projetos foram propostos, tanto por parlamentares da maioria quanto da oposição:[15]

- Dominique Paillé, deputado da Union pour la Démocratie Française (UDF), em 30 de dezembro de 2002;
- Laurent Fabius, Jean-Marc Ayrault e Bernard Roman, deputados do Parti Socialiste (PS), em 23 de janeiro de 2003;
- Charles Cova, deputado da Union pour un Mouvement Populaire (UMP), em 5 de fevereiro de 2003.

Outra iniciativa tendente a diminuir a abstenção eleitoral foi a Lei nº 97-1027 de 10 de novembro de 1997, que introduziu a inscrição eleitoral compulsória para os que completam dezoito anos entre o primeiro de março e o último dia de fevereiro do ano corrente. Ainda assim, esta medida não mudou o fato de que a única sanção à não inscrição é não poder votar. Igualmente, muitos anos deveriam se passar para que todo o corpo eleitoral estivesse compulsoriamente inscrito. Assim, dois foram os projetos de lei que tentaram estender a inscrição compulsória a todos os eleitores potenciais em março de 2003:[16]

- nº 730 de Jean-Christophe Lagarde e vários outros deputados da UDF e UMP;
- nº 739 de Lionel LUCA, deputado da UMP.

Após esta breve apresentação, no mínimo podemos pôr em dúvida o fato de o voto ser facultativo na França. O que expressamente decorre do quadro jurídico é a obrigatoriedade da inscrição eleitoral. O que tacitamente decorre do quadro jurídico é a impossibilidade do voto como sanção à não inscrição. E nada mais. Podemos imaginar que este seria um quadro altamente propício à proliferação do fenômeno da abstenção eleitoral, do qual tratarei mais adiante.

O quadro jurídico brasileiro

No Brasil, as regras fundamentais do nosso atual Direito Eleitoral sobre a obrigatoriedade do voto estão inscritas no artigo 14 da Constituição Federal.[17] Em contraste com o quadro francês, um primeiro detalhe que chama a atenção é a indistinção entre a inscrição eleitoral e o voto, sendo ambos em regra obrigatórios ou excepcionalmente facultativos. A idade e a alfabetização são os fatores fundamentais de clivagem. Nota-se também que em sede constitucional não se prevê sanção de qualquer natureza à abstenção sem justificativa. Senão vejamos:

> Art. 14. [...]
> § 1º — O alistamento eleitoral e o voto são:
> I — obrigatórios para os maiores de dezoito anos;
> II — facultativos para:
> a) os analfabetos;
> b) os maiores de setenta anos;
> c) os maiores de dezesseis e menores de dezoito anos.

Não é da Constituição que se extrai o fundamento do voto obrigatório brasileiro, mas sim do artigo 7º do nosso Código Eleitoral,[18] com redação dada pela Lei nº 4.961, de 1966.[19] Isto porque é este dispositivo legal que trata de sanções à abstenção não justificada no prazo de trinta dias, sendo a justificativa ligada à impossibilidade de comparecimento à sua seção eleitoral. Três são os pré-requisitos para o que se pode considerar quitação eleitoral: 1) votar; 2) pagar uma multa; ou 3) se justificar corretamente. Na ausência deles, aí sim o eleitor incorre em sanções que podemos considerar graves. Senão vejamos:

> Art. 7º O eleitor que deixar de votar e não se justificar perante o juiz eleitoral até 30 (trinta) dias após a realização da eleição, incorrerá na multa de 3 (três) a 10 (dez) por cento sobre o salário mínimo da região, imposta pelo juiz eleitoral e cobrada na forma prevista no art. 367.
> § 1º Sem a prova de que votou na última eleição, pagou a respectiva multa ou de que se justificou devidamente, não poderá o eleitor:
> I — inscrever-se em concurso ou prova para cargo ou função pública, investir-se ou empossar-se neles;
> II — receber vencimentos, remuneração, salário ou proventos de função ou emprego público, autárquico ou paraestatal, bem como fundações governamentais, empresas, institutos e sociedades de qualquer natureza, mantidas ou subvencionadas pelo governo ou que exerçam serviço público delegado, correspondentes ao segundo mês subsequente ao da eleição;
> III — participar de concorrência pública ou administrativa da União, dos Estados, dos Territórios, do Distrito Federal ou dos Municípios, ou das respectivas autarquias;
> IV — obter empréstimos nas autarquias, sociedades de economia mista, caixas econômicas federais ou estaduais, nos institutos e caixas de previdência social, bem como em qualquer estabelecimento de crédito mantido pelo governo, ou de cuja administração este participe, e com essas entidades celebrar contratos;
> V — obter passaporte ou carteira de identidade;

VI — renovar matrícula em estabelecimento de ensino oficial ou fiscalizado pelo governo;

VII — praticar qualquer ato para o qual se exija quitação do serviço militar ou imposto de renda.

Aqui vemos que nominalmente tratamos de sanções temíveis, capazes de reduzir enormemente o rol de plenitude da vida civil, comprometendo seriamente a capacidade de contratar, de se relacionar com o Estado, estudar, obter crédito, entre outras. Empiricamente, o cidadão se depara com essa potencial ameaça no momento em que é instado a comprovar a *quitação eleitoral*. Trata-se de uma situação bastante afastada do cotidiano, mas que deve a todo custo ser contornada caso venha a se concretizar.

Elemento crucial a ser considerado é: o pagamento de multa garante a quitação eleitoral, e a facilidade de justificativa não impede deslocamentos territoriais no dia da votação.

Os eleitores que possuem algum nível de politização, no sentido de acreditar na importância do voto, estão fora do escopo das sanções à abstenção sem justificativa. Para aqueles que não querem votar — independentemente da razão — o que o quadro jurídico brasileiro impõe concretamente é o (nem tão) temível "aborrecimento com a burocracia",* uma vez que o valor da multa pode ser considerado irrisório.

Se há, na cabeça desse eleitor, *tipo* (o que não *quer* participar do processo eleitoral) um cálculo racional a fazer, é o da medida do maior "aborrecimento": ir votar ou enfrentar a burocracia necessária para a obtenção da certidão negativa da Justiça Eleitoral. Do ponto de vista do erário, não há dados concretos, mas podemos presumir que seja irrelevante — além de indesejável — para os cofres públicos o recolhimento em massa da multa referente à abstenção sem justificativa.

---

*Neste texto o termo *burocracia* será empregado no seu sentido nativo ou comum.

A abstenção eleitoral na França e no Brasil

A presunção de que a política é algo de muito importante, e de que ela afeta diretamente nossa vida e nosso futuro, somada à profunda crença na superioridade da democracia representativa em relação a outros regimes políticos, relegam a abstenção, enquanto fenômeno empírico, ao limbo dos assuntos tabu. Veja que não estamos falando do voto nulo ou em branco, plenamente aceito pelas regras do jogo democrático. Estamos falando de simplesmente não participar do jogo.

Para encarar esse tema temos que considerar — ao menos hipoteticamente — que a abstenção não constitui um comportamento eleitoral patológico. Ao contrário. Praticar raramente na vida um ato estranho ao cotidiano da maioria das pessoas é que poderia ser considerado, ao menos, um esforço suplementar. Em outras palavras: há necessariamente razões pelas quais fazemos as coisas, mas nem sempre há uma razão para *não* fazermos alguma coisa.

Assim, devemos imaginar que se alguma abstenção não justificada existe, as motivações políticas — o comportamento objetivo de não emprestar legitimidade ao processo com o voto — são muito raras ante a inação ou a indiferença.

Temperar o tema das eleições com uma breve análise sobre a abstenção é um exercício salutar, uma vez que reconhecer ou não a legitimidade desse comportamento está — do ponto de vista da sanção — no cerne da distinção entre o voto compulsório e o facultativo.

Após a análise dos quadros jurídico-eleitorais francês e brasileiro, poderíamos presumir que os índices de abstenção são consideravelmente maiores lá do que cá. Isso porque o grau sancionatório brasileiro é mais desenvolvido que o francês, ainda que por aqui a pena real seja o enfrentamento de trâmites burocráticos e o pagamento de uma pequena multa.

Não se pretende fazer aqui um exaustivo levantamento de dados. Contrastaremos apenas os índices de abstenção nos dois turnos das quatro últimas eleições presidenciais, nos dois países. A tabela a seguir expressa os dados na França:

Tabela 1 — Abstenções em eleições presidenciais na França

Ano	Primeiro turno	Segundo turno
1995	21%	20%
2002	28%	20%
2007	16%	16%
2012	20%	19%

Fonte: BRACONNIER; DORMAGEN: 2007

Os dados apontam uma média de abstenção de exatos 20% do eleitorado. Em média um entre cada cinco eleitores franceses não participou da escolha dos últimos quatro presidentes da República. Evidentemente esses dados não se repartem uniformemente no universo eleitoral deles. Pesquisas vêm revelando[20] que dois fatores fundamentais contribuem para a fragmentação do fenômeno do abstencionismo. Em primeiro lugar, o nível de percepção da disputa, seja pelo seu acirramento seja pelo sentimento de importância da escolha. O referendo de 2000, que reduziu o mandato do presidente francês de sete para cinco anos, foi aprovado com praticamente 70% de abstenções. O segundo turno das eleições presidenciais de 1981, quando Mitterrand perdeu por apertada margem de Giscard d'Estang, foi o pleito que registrou menor abstenção desde que se sistematizam os dados (menos de 13%).

Num segundo lugar está o nível de *socialização* da população votante (variável mais forte até que o nível de *politização*). Isso significa que empregados, proprietários, eleitores de origem europeia e os de orientação cristã tendem a se abster menos que desempregados, locatários, os de origem árabe ou africana e muçulmanos. Um exemplo extremo dado pelos autores é a eleição do prefeito da cidade periférica de Bobigny, eleito nas últimas municipais com 26,4% de participação dos inscritos, correspondendo a apenas 12,3% da população em geral.

Por aqui o fenômeno ainda não é tão explorado pelas ciências sociais, mas a média geral do índice de abstenção das quatro últimas eleições presidenciais* é de 19,38%, praticamente igual ao índice francês, como se vê na tabela a seguir:

Tabela 2 — Abstenções em eleições presidenciais no Brasil

Ano	Primeiro turno	Segundo turno
2002	18%	21%
2006	17%	19%
2010	18%	22%
2014	19%	21%

Fonte: TSE

O que os dados brutos fornecidos pelo TSE permitem esboçar é que pode haver uma diferença regional nos índices de abstenção: estados com menores índices de desenvolvimento humano tenderiam a se abster mais. Mas mesmo esta é uma pesquisa ainda por se fazer.

Eleição após eleição, sobretudo em veículos de imprensa, os índices de abstenção alarmam articulistas e formadores de opinião, que comumente associam a abstenção à aleatoriedade, alegando que se não houvesse abstenção haveria a chance de o resultado das eleições ser radicalmente diferente. O cientista político Jairo Nicolau, tratando do resultado das eleições de 2010, sistematizou resumidamente argumentos que afastavam hipóteses alarmantes,[21] dimensionando, mas desmistificando, o fenômeno.

Fato é que, mesmo com diferenças consideráveis no enquadramento jurídico eleitoral da abstenção, podemos dizer que brasileiros se abstêm tanto quanto os franceses. Ao menos essa afirmação é quantitativamente válida considerando a média das abstenções dos dois turnos das eleições presidenciais nos dois países.

Por derradeiro, a pergunta que fica é: qual a finalidade de se sancionar a abstenção eleitoral no Brasil? Precisamos do *voto obrigatório*?

---

*Por "eleições presidenciais" entenda-se os pleitos em que se escolhem o presidente da República, os governadores de estado, os senadores, os deputados federais e estaduais

Conclusão: pelo fim do voto obrigatório no Brasil

Neste ponto, fica mais que flagrante que o quadro jurídico brasileiro é baseado em conceitos normativos e abstratos sobre a participação popular na política. No entanto, nitidamente no que tange à abstenção, ele é inefetivo, uma vez que o abstencionismo é muito similar ao da França, país que não sanciona esse comportamento. Vejamos o quadro sinótico sistematizador dessa comparação:

Quadro 1 — O voto no Brasil e na França

Voto	França	Brasil
Como é considerado?	Facultativo	Compulsório
Como a lei dispõe?	Compulsório	Compulsório
Como a lei sanciona a abstenção não justificada?	Delega ao Conselho de Estado	Restrições de direitos e multa
A sanção é efetiva?	Conselho de Estado jamais regulamentou	Multa simbólica, fácil "limpar o nome"
Média da abstenção nas últimas quatro eleições presidenciais	20%	19,38%

Na falta de maiores estudos empíricos sobre as várias dimensões que o fenômeno certamente apresenta, fica por ora a afirmativa de que não é completamente exato dizer que o Brasil é um país onde o voto é obrigatório. Em primeiro lugar, os eleitores que não possuem um alto grau de institucionalização da sua vida nem sequer podem ser alcançados pelas sanções previstas no Código Eleitoral. Todos os brasileiros em situação "informal" — que não contratam com a administração pública, não são proprietários de imóveis, não trabalham com carteira assinada, não possuem conta em banco etc. — estão fora do escopo inibidor do nosso Código Eleitoral. Pode-se imaginar que se trata de um recorte populacional com profundas implicações de classe. É bem possível imaginar quais grupos sociais são menos compelidos a votar em função das sanções previstas. Nesse tocante, o que se intui é a reprodução eleitoral das desigualdades sociais.

Saindo desta parcela do eleitorado, e nos situando dentre aqueles que "teriam a perder" com as sanções da Lei das Eleições, sempre lhes restará o pagamento de uma multa que, como vimos, tem valor simbólico, sendo o "aborrecimento com a burocracia" a única sanção racionalmente previsível.

Se de um lado poderia se argumentar que, mesmo suave, a sanção prevista já represa boa parte de uma potencial abstenção em massa, por outro, fugir dela não pode ser considerado incentivo suficiente para votar, seja do ponto de vista da percepção política, da consciência cívica, ou da imaginação moral do povo. Ghirardi e Cunha afirmam o seguinte:

> A abstenção eleitoral e o esvaziamento de organismos coletivos de ação política que têm sido observados nas últimas décadas colocam em xeque as premissas em que se baseava o projeto político da modernidade. De modo particular, elas solapam esse projeto na medida em que questionam a dimensão obrigatória da participação política, na medida em que manifestam um incômodo por ver apresentado como um dever um tipo de ação que desejariam entender como uma faculdade ou possibilidade.[22]

Tendo a me alinhar com a posição dos autores. No atual quadro jurídico brasileiro, a experiência de votar é sentida e vivida como uma obrigação, potencializada e banalizada pela expectativa de enfrentamento da "papelada" caso não seja cumprida. O atual quadro jurídico eleitoral brasileiro, nesse tocante, contribui como fator deslegitimador da prática do voto, homogeneizando-a com outras práticas sentidas como obrigações enfadonhas, como fazer a vistoria do automóvel, pagar taxas ou declarar renda.

Talvez à exceção de parte do eleitorado que, por influência de diversos fatores biográficos, construiu na sua vida um sentido de relevância para a participação política, o voto obrigatório brasileiro é forte pilar de desinteresse, desencantamento e desapreço pela participação política. Na ausência de garantir um grande índice de participação, o que se pode estar reproduzindo é a corrosão de importante momento da vida cívica.

Esse ensaio visa, portanto, propor o fim das sanções legais à abstenção eleitoral no Brasil, crendo que isso seria sentido e vivido pela maioria dos eleitores como a possibilidade de ir às urnas para manifestar uma opinião, explicitar uma posição, enfim, exercer um direito.

Notas

1. AMJAHAD, Anissa; WAELLE, Jean-Michel de; HASTINGS, Michel. *Le Vote Obligatoire: Débats, Enjeu et Défis*. Paris: Economica, 2000; SANTOS, Wanderley Guilherme dos; GUIMARÃES, Fabrícia. *Votos e partidos*. Rio de Janeiro: Editora FGV, 2002.
2. DURKHEIM, Émile. *Lições de Sociologia*. Rio de Janeiro: Martins Fontes, 2002, p. 154.
3. Idem. *Ética e filosofia da moral*. São Paulo: Landy, 2003, p. 44.
4. FONTAINHA, Fernando de Castro. "A democracia da abstenção". *TV Estadão*, 16 de outubro de 2014. Disponível em: <http://politica.estadao.com.br/blogs/conexao-eleitoral/a-democracia-da-abstencao/>. Acesso em 12/01/2015.
5. ROUSSEAU, Jean-Jacques. *O contrato social e outros escritos*. São Paulo: Cultrix, 2007.
6. SIEYÈS, Emmanuel Joseph. *Qu'est-ce que le Tiers état?*. Paris: Éditions du Boucher, 2002.
7. MALBERG, Raymond Carré de. *Contribution à la théorie génèrale de l'État*. Paris: CNRS Éditions, 1985.
8. PORTO, Walter Costa. *Dicionário do voto*. Brasília: UnB, 2000. Verbete "voto obrigatório", p. 455-56.
9. LYRA, Augusto Tavares de. "Regime eleitoral, 1821-1921". In: *Modelos alternativos de representação política no Brasil*. Brasília: UnB, 1980.

10. PINTO, Antônio Pereira (Org.). *Reforma eleitoral.* Brasília: UnB, 1983, p. 367.
11. CABRAL, João da Rocha. *Código Eleitoral da República dos Estados Unidos do Brasil.* Rio de Janeiro: Freitas Bastos, 1934, p. 32.
12. *Ibidem*, p. 33.
13. Ver CARVALHO, José Murilo de. *Cidadania no Brasil: O longo caminho.* Rio de Janeiro: Civilização Brasileira, 2008.
14. RÉPUBLIQUE FRANÇAISE. *Code* Électoral. *Version consolidée au 1 janvier 2015.* Disponível em: <www.legifrance.gouv.fr>. Acesso em 12/01/2015.

    Article L1 *Le suffrage est direct et universel.*

    Article L2 *Sont électeurs les Françaises et Français âgés de dix-huit ans accomplis, jouissant de leurs droits civils et politiques et n'étant dans aucun cas d'incapacité prévu par la loi.*

    Article L5 *Lorsqu'il ouvre ou renouvelle une mesure de tutelle, le juge statue sur le maintien ou la suppression du droit de vote de la personne protégée.*

    Article L6 *Ne doivent pas être inscrits sur la liste électorale, pendant le délai fixé par le jugement, ceux auxquels les tribunaux ont interdit le droit de vote et d'élection, par application des lois qui autorisent cette interdiction.*

    Article L9 *L'inscription sur les listes électorales est obligatoire.*

    Des décrets en Conseil d'Etat règlent les conditions d'application du présent article.
15. SÉNAT FRANÇAIS. *Note de Sinthèse: le vote obligatoire.* Disponível em: <http://www.senat.fr/lc/lc121/lc1210.html>. Acesso em 12/01/2015.
16. *Ibidem.*
17. REPÚBLICA FEDERATIVA DO BRASIL. Constituição Federal de 5 de outubro de 1988. Disponível em: <http://www.planalto.gov.br>. Acesso em 15/01/2015.
18. *Idem. Código Eleitoral.* Lei nº 4.737 de 15 de julho de 1995. Disponível em: <www planalto.gov.br>. Acesso em 15/01/2015.
19. *Idem.* Lei nº 4.961, de 1966. Disponível em: <http://www.planalto.gov.br> Acesso em 15/01/2015
20. BRANCONNIER, Céline; DORMAGEN, Jean-Yves. *La démocratie de l'abstention.* Paris: Gallimard, 2014.
21. NICOLAU, Jairo. "Abstenção, nulos e brancos". *O Estado de S. Paulo,* 27/10/2010 Disponível em: <http://brasil.estadao.com.br/noticias/geral,abstencao-nulos-e--brancos-imp-,630375>. Acesso em 12/01/2014

22. GHIRARDI, José Garcez; CUNHA, Luciana Gross. "O voto do silêncio: abstenção eleitoral, representações de cidadania e participação política na pós-modernidade". *Revista de Direito Mackenzie*, v. 6, p. 160-169, 2012. Disponível em: <http://editorarevistas.mackenzie.br/index.php/rmd/article/viewFile/5801/4217>. Acesso em 12/01/2015.

4. Novos rumos da participação política por meios eletrônicos
Eduardo Magrani

Participação política digital e o Congresso Nacional

A utilização de meios eletrônicos para a participação cívica tem o potencial de incrementar nosso sistema democrático promovendo novas formas de manifestação política. O sistema político-jurídico brasileiro deve caminhar para o reconhecimento e valorização de novos modelos de participação virtual, como petições on-line, assinaturas e certificações digitais, com o intuito de ampliar a participação popular na esfera pública através da internet.

Para nos ajudar a refletir sobre a necessidade de se consolidar o processo de atribuição de validade jurídica à participação popular por meios eletrônicos podemos tomar o caso envolvendo o projeto de lei apelidado de "Ficha Limpa".

Como a corrupção é considerada um grande problema no Brasil, houve grande expectativa para a propositura e aprovação de um projeto de lei que pretendia impedir qualquer político condenado por órgãos colegiados de disputar cargos eletivos. O projeto da "Ficha Limpa" foi idealizado pelo juiz Márlon Reis, proposto ao Congresso por iniciativa popular e contou com apoio de diversas instituições.[1]

Entretanto, quando chegou à etapa de deliberação no Congresso, encontrou forte oposição.

A participação através da internet entrou em cena por meio da ONG internacional Avaaz,[2] que cumpriu o importante papel de pressão pública[3] para a aprovação do projeto de lei, uma vez proposto no Congresso Nacional. A ONG reuniu as contribuições da população e as traduziu em um documento formal, em modelo de petição, que angariou mais de dois milhões de assinaturas a favor da aprovação do projeto, uma das maiores petições on-line da história do Brasil.[4] Utilizando seu know-how na defesa do interesse público,[5] a ONG definiu sua estratégia de forma eficiente e foi capaz de representar esse interesse e o sentimento da população para o Estado, promovendo, assim, a causa que defendia.[6]

No entanto, apesar da massiva participação dos cidadãos e de toda a expertise da Avaaz com a utilização de ferramentas digitais para pressão política e das estratégias aplicadas visando à aprovação do projeto, esse canal de participação digital só pôde entrar em cena após a propositura do projeto por meio de assinaturas físicas junto ao Congresso Nacional.

Há um cenário ainda bastante desfavorável no Brasil para uma maior efetividade da participação democrática digital com relação à nova cultura de peticionamento on-line. Vide, por exemplo, os empecilhos existentes à utilização de manifestações digitais para propositura de projeto de lei de iniciativa popular.

O primeiro obstáculo se deve ao fato de que, segundo a Constituição Federal de 1988,[7] um projeto de lei de iniciativa popular, para ser apresentado validamente, deve conter assinaturas de pelo menos 1% do eleitorado (cerca de 1,4 milhão de pessoas). Além dessa exigência, que representa por si só um grande empecilho, adiciona-se mais dois problemas: não haver um sistema claro e eficiente de validação de assinaturas; e a necessidade de se ter assinaturas físicas. Diante disso, a CF/88 comemorou 26 anos de idade em 2014 e, ao longo desse período, somente quatro projetos do gênero foram aprovados no Congresso Nacional.

Ao longo desses 26 anos da "Constituição cidadã", outras formas de participação direta previstas na CF/88, como o plebiscito (consulta prévia sobre determinado tema) e o referendo (consulta para confirmar ou rejeitar uma lei ou ato normativo), foram usadas apenas duas vezes. Na primeira vez, em 1993, a população, através de plebiscito, manteve o presidencialismo e a república como forma e sistema de governo respectivamente. Na segunda, em 2005, a população, através de referendo, rejeitou a proibição de comercialização de armas de fogo, prevista no estatuto do desarmamento. Fora isso, foram realizados apenas plebiscitos locais sobre a criação de novos estados e municípios.[8]

Isso denota, portanto, a grave subutilização dos mecanismos de participação direta previstos constitucionalmente e a possibilidade de propositura de lei de iniciativa popular não foge a essa tendência. Diante desse cenário, principalmente por conta do número alto de assinaturas físicas exigidas por lei, buscando atualizar a legislação para a realidade das novas tecnologias, diversos projetos de lei tramitando atualmente têm como proposta permitir que os projetos de lei de iniciativa popular possam ser subscritos por meio eletrônico. Estes projetos merecem toda atenção e valor, uma vez que a possibilidade de discussão e assinatura das propostas por meios eletrônicos têm o potencial de ampliar o engajamento democrático, na forma de democracia participativa.

De maneira geral, os projetos de lei em tramitação[9] propõem, por meios ligeiramente diferentes, o uso da internet para maximizar a participação popular direta, através da alteração da Lei nº 9.709/98, que regulamenta o art. 14 da Constituição Federal ou da alteração do art. 61, §2º, da Constituição da República

A Constituição Federal garante em seu art. 14, incisos I, II e III,[10] a possibilidade de participação direta do cidadão através dos três mecanismos citados anteriormente: plebiscito, referendo e iniciativa popular.[11] Em seu art. 61, §2º, por sua vez, a Constituição da República dispõe sobre a iniciativa popular estabelecendo que esta pode ser exercida mediante apresentação à Câmara dos Deputados de projeto de lei subscrito pelo percentual mínimo, mencionado anteriormente, de 1% do eleitorado nacional, distribuído pelo menos por cinco estados, com não menos de 0,3% dos eleitores de cada um deles.

Além dos projetos de lei mencionados, está tramitando uma Proposta de Emenda à Constituição (PEC 286/2013), que altera os artigos 60 e 61 da Constituição Federal, pretendendo diminuir o número de assinaturas necessário para a proposição de projeto de lei de iniciativa popular para 0,5% do eleitorado e propondo que seja aceita a subscrição inclusive por meio eletrônico.[12] Atualmente, a PEC, apelidada de "PEC da Participação Popular", aguarda a designação do relator na Comissão de Constituição e Justiça e de Cidadania (CCJC) na Câmara dos Deputados.

Por conta dos obstáculos apresentados é notória a subutilização dos mecanismos de participação direta em âmbito legislativo, não obstante o reconhecimento de sua validade em termos democráticos ser bastante evidente mesmo em um sistema majoritariamente representativo como o nosso. O atual desafio é compreender a melhor forma de se conjugarem iniciativas e mecanismos referentes aos três tipos de democracia (direta, participativa e representativa), visando uma maior legitimidade do sistema político no Brasil. Com esse objetivo, é fundamental não se desprezarem os caminhos viabilizados pela internet para o aprimoramento da sociedade democrática.

É fundamental, portanto, consolidar esse processo e endossar as propostas voltadas à ampliação da participação direta dos cidadãos em âmbito legislativo através do recolhimento de assinaturas digitais, valorizando o peticionamento on-line para propositura de projetos de lei de iniciativa popular.

Participação popular digital e o Tribunal Superior Eleitoral

Em 2013, na tentativa de conseguir incluir o partido Rede Sustentabilidade nas eleições presidenciais de 2014, a ex-senadora Marina Silva saiu em busca da coleta das assinaturas físicas necessárias para a concessão do registro da legenda pelo TSE. Com base no direito brasileiro vigente, o TSE exigiu o apoio expresso de eleitores equivalente a 0,5% dos votos dados para os deputados federais nas últimas eleições, o que equivaleria a 492 mil assinaturas.¹³ Marina Silva conseguiu validar 442 mil assinaturas físicas de apoio junto a cartórios eleitorais.

Esses votos de apoio, contudo, foram apresentados ao TSE, que ainda assim não concedeu registro ao partido (seis votos a um). O tribunal converteu o pedido de criação da legenda em "diligência", o que permite que Marina Silva venha a apresentar mais assinaturas. No entanto, como o prazo para concessão de registro já havia terminado, a Rede Sustentabilidade não obteve o registro da legenda e não pôde participar da disputa de 2014.

Os coordenadores da iniciativa, entretanto, afirmaram que chegaram a coletar cerca de oitocentas mil assinaturas, mas que muitas destas foram descartadas pelos cartórios por problemas nas informações fornecidas pelos assinantes em meio físico.¹⁴ A maioria dos ministros do TSE, no entanto, entendeu que os cartórios têm autonomia para verificar se a ficha de apoio atendeu ou não os requisitos para ser validada.¹⁵

Marina Silva, contudo, concorreu à presidência em 2014 pelo Partido Socialista Brasileiro (PSB), e, após sua derrota, a Rede Sustentabilidade retomou o processo de coleta de assinaturas para o registro da legenda. Como o número necessário para o registro equivale a 0,5% dos votos dados para os deputados federais nas últimas eleições, a quantidade de assinaturas certificadas para conseguir o registro agora passou para 483 mil assinaturas.

No site do partido,¹⁶ é possível ler uma mensagem, atribuída a Marina Silva, na qual ela explica o que os interessados em participar na coleta de assinaturas devem fazer.¹⁷ O mecanismo de angariação de apoio dos eleitores funciona da seguinte forma: a) o eleitor interessado deve entrar no site da Rede Sustentabilidade; b) imprimir a ficha de apoio; c) preencher com os dados eleitorais (nome completo, número do título, zona, seção etc.); e d) enviar ao endereço do local de coleta de assinaturas de seu estado (cada estado tem apenas um "local de coleta" cujo endereço é fornecido no mesmo site).

Essa iniciativa para a coleta de assinaturas físicas é, sem dúvida alguma, um caminho importante. Contudo, não deve ser a única maneira de se conseguir o registro junto ao TSE. Toda a burocracia e custos necessários para a validação por meio físico pode ser considerada um limitador significativo da manifestação de vontade pela sociedade. Talvez a empreitada de Marina Silva tivesse outro resultado para as eleições de 2014 se o TSE tivesse permitido também as manifestações de apoio virtuais.

Assim como foi descrito anteriormente em relação ao Poder Legislativo, a internet teria o potencial de viabilizar uma participação cívica mais célere e efetiva na esfera pública, ampliando o espectro de participação social inclusive no âmbito dos outros poderes. Uma das formas sugeridas é através da validação da coleta virtual de assinaturas para a criação de novas legendas junto ao TSE.[18] Para isso seria necessária a alteração da Lei nº 9.096/95, que regulamenta os artigos 17 e 14, §3º, inciso V, da Constituição Federal, dispondo em seu artigo 9º, §1º, sobre a necessidade de assinaturas físicas atestadas por escrivão eleitoral para fins de registro do partido junto ao TSE.[19]

Portanto, seja para propositura de leis de iniciativa popular através de petições on-line ou para a fundação de novas legendas junto ao TSE, é necessário que o sistema político-jurídico brasileiro atualize a legislação para a realidade das novas tecnologias, valendo-se dos caminhos ofertados pela internet para aprimorar seu sistema democrático. Para tanto, analisaremos de forma breve no item seguinte alguns caminhos tecnológicos disponíveis para a aplicação política da participação eletrônica, buscando tangenciar formas possíveis de garantir maior confiabilidade ao processo de participação popular on-line.

Caminhos e tecnologias

Há ainda muito temor com relação a fraudes aplicáveis à participação por meios virtuais. Por conta disso, vale ressaltar, em primeiro lugar, que tanto com relação às assinaturas por vias físicas quanto por vias digitais, zerar o risco de fraudes é, em ambos os casos, impossível. Já existem, contudo, mecanismos tecnológicos capazes de reduzir os riscos existentes. Novas tecnologias têm permitido minimizar significativamente o risco de violações a plataformas e falsificações nas assinaturas através de um sistema mais confiável de autenticação das assinaturas. Tais soluções são variadas e estão em constante evolução. As principais técnicas são vinculadas à utilização de senhas, biometria e criptografia.

As técnicas que utilizam o sistema de senha são talvez as mais vulneráveis, uma vez que se fundamentam na utilização de determinados dados de identificação que não garantem plenamente a integridade do conteúdo da comunicação. As técnicas biométricas, por sua vez, consistem na utilização de características físicas pessoais como impressão digital, imagem da íris e DNA, capazes de conferir maior segurança na identificação da pessoa. Contudo, a técnica biométrica por si só não implica necessariamente codificação do conteúdo da declaração, exigindo muitas vezes a utilização conjunta de técnicas criptográficas, a fim de garantir o sigilo e a integridade da mensagem. Além disso, o uso da biometria remete a preocupações extremamente importantes relacionadas à proteção da privacidade e, por isso, deve ser vista com muita cautela.

A participação digital através de senha ou de cadastro compreensivo realizado pelo usuário, embora mais facilmente burlável se comparada com outras tecnologias, é sem dúvida uma solução mais simples de implementar.

Apesar de todo o mérito dessa iniciativa, um sistema de validação mais sofisticado deve ser sempre buscado como forma eficaz de evitar duplicação de assinaturas, inserção de nomes alheios e fundamental para que se atribua mais credibilidade à participação política on-line. Além do cadastro e validação por e-mail, a assinatura e certificação digitais podem representar caminhos importantes a serem perseguidos.

A assinatura digital permite dar garantia de integridade e autenticidade a arquivos eletrônicos, verificando se o emissor de uma manifestação on-line é realmente quem ele diz ser. A tecnologia de assinatura digital é baseada num par de chaves criptográficas: a primeira, chamada pública, distribuída no certificado digital para permitir a validação das assinaturas; a segunda, chamada privada, guardada pelo seu proprietário, também chamado titular do certificado, que a utiliza para assinar os documentos. A assinatura digital permite: a) verificar se o conteúdo assinado foi alterado (integridade); b) garantir a identificação do assinante (autenticidade) em conjunto com a certificação digital; c) garantir um vínculo lógico entre um documento e a assinatura.[20]

Como procedimento para o sistema de validação de assinaturas digitais costuma-se usar o sistema da certificação digital que consiste na atividade de reconhecimento em meio eletrônico, a qual se caracteriza pelo estabelecimento de uma relação única, exclusiva e intransferível entre uma chave de criptografia e uma pessoa física, jurídica, máquina ou aplicação.[21] Esse reconhecimento é inserido em um certificado digital por uma autoridade certificadora. O certificado digital é um documento digital que comprova que a chave privada pertence a determinada pessoa. O certificado digital contém os dados de seu titular, tais como nome, e-mail, CPF, chave pública, nome e assinatura da Autoridade Certificadora que o emitiu, e garante os requisitos mínimos de segurança juridicamente necessários, que são:[22] autenticidade, integridade, não repúdio[23] e privacidade das informações.[24]

Hoje, a certificação digital é considerada uma ferramenta de segurança extremamente eficaz, permitindo minimizar os riscos de segurança e alcançar uma equivalência funcional em relação à assinatura manuscrita. A assinatura digital, especificamente, já vem sendo aplicada ao comércio eletrônico, processos judiciais e administrativos, transações financeiras e declarações junto à Receita Federal. A Receita Federal criou também, nesse contexto, os conceitos de e-CPF e e-CNPJ como modelos de certificados digitais para identificação fiscal de pessoas e empresas.

Com a proposta de abrir um espaço de engajamento on-line visando a coleta de assinaturas eletrônicas para proposição de projeto de lei de iniciativa popular ou para registro de legendas junto ao TSE, essas ferramentas, independente da tecnologia empregada, já eliminam em grande medida o problema logístico associado à coleta de assinaturas em papel. Elas atuam como agente catalisador do processo democrático, viabilizando com muito mais amplitude e eficiência a coleta de milhares ou mesmo milhões de assinaturas num intervalo menor de tempo e com custo reduzido.

A utilização da internet para coleta de assinaturas digitais para a subscrição de projetos de lei de iniciativa popular ou junto ao TSE está em plena consonância com as potencialidades da internet e representa um instrumento importante para viabilizar a democracia participativa e promover a participação cidadã através da internet.

Para isso, propõe-se a alteração do artigo 9º, §1º, da Lei nº 9.096/95, para permitir que assinaturas digitais tenham também validade para fins de registro do partido junto ao TSE e, ainda, a consolidação do processo legislativo de alteração da Lei nº 9.709/98, para permitir a subscrição eletrônica para fins de proposição de lei de iniciativa popular.

Por meio da atribuição e ampliação da validade jurídica à participação popular por meios eletrônicos, se busca ampliar os espaços de manifestação política legítima dos cidadãos através da esfera pública conectada.

Notas

1. Dentre elas, em destaque, o Movimento de Combate à Corrupção Eleitoral (MCCE). Disponível em: <http://www.mcce.org.br/site/>. Acesso em 09/07/14.
2. A Avaaz é uma ONG internacional que mobiliza milhões de pessoas para agirem em causas internacionais consideradas urgentes com um modelo de mobilização on-line. Disponível em: <http://www.avaaz.org/po/brasil_ficha_limpa>. Acesso em 05/02/15.
3. Além da estratégia de usar petição on-line, a Avaaz se valeu de e-mails, Facebook e Twitter para aumentar a pressão pública, servindo como intermediária entre a população e os representantes políticos.
4. Disponível em: <http://www.avaaz.org/po/highlights.php>. Acesso em 06/02/15.
5. O projeto de lei foi aprovado na Câmara e no Senado, sancionado pelo presidente Lula em 2010, transformando-se em Lei Complementar nº 135, de 4 de junho de 2010.
6. Em março de 2011, no entanto, a validade da lei para as eleições de 2010 foi derrubada por seis votos a cinco no Supremo Tribunal Federal, havendo dissenso também com relação à sua constitucionalidade. A Avaaz, então, teve a iniciativa de organizar uma importante petição direcionada aos ministros do STF, reunindo mais de 175 mil assinaturas contra sua afirmação de inconstitucionalidade. Todos

esses esforços criaram uma sensibilização entre aqueles que acompanham o trabalho da Avaaz e chamaram a atenção da mídia de forma incisiva. No dia 16 de fevereiro de 2012, o STF decidiu em análise conjunta a respeito das Ações Declaratórias de Constitucionalidade (ADCs 29 e 30) e da Ação Direta de Inconstitucionalidade (ADIn 4.578), que tratam da "Lei da Ficha Limpa", prevalecendo o entendimento por maioria de votos a favor da constitucionalidade da lei e da sua validade para as eleições de 2012 e para os próximos pleitos eleitorais que estão por vir, alcançando, ainda, atos e fatos ocorridos antes de sua vigência. Disponível em: <http://www.stf.jus.br/portal/cms/verNoticiaDetalhe.asp?idConteudo=200495>. Acesso em 05/09/13.
7. CF, art. 61, §2º: "A iniciativa popular pode ser exercida pela apresentação à Câmara dos Deputados de projeto de lei subscrito por, no mínimo, um por cento do eleitorado nacional, distribuído pelo menos por cinco estados, com não menos de três décimos por cento dos eleitores de cada um deles."
8. Disponível em: <http://www.estadao.com.br/noticias/nacional,participacao-popular-ainda-precisa-ser-efetivada,1082161,0.htm>. Acesso em 05/09/13.
9. Mais especificamente, o PL 4.219/2008 propõe uma alteração ao art. 14 da Lei nº 9.709 para incluir um cadastro de eleitores para apresentação, via internet, de projeto de lei de iniciativa popular. O PL 4.764/2009 propõe a regulamentação do uso da internet na iniciativa popular, de que trata o §2º do artigo 61 da Constituição Federal, mais uma vez admitindo a assinatura digital na subscrição de projeto de lei de iniciativa popular, desde que observadas as normas técnicas de segurança da infraestrutura de chaves públicas. Faculta ainda à Câmara dos Deputados a criação de sistema próprio de certificação digital ou mediante convênio. O PL 4.805/2009, denominado PL "Cidadão Digital", também visa permitir a subscrição de projetos de lei de iniciativa popular por meio de assinaturas eletrônicas, desta vez por meio da inclusão do art. 13-A e alteração do art. 14 da Lei nº 9.709. Por fim, o PL 7.005/2013 acrescenta os §§ 3º e 4º ao art. 13 da Lei nº 9.709, também para estabelecer a possibilidade de subscrição eletrônica para apresentação de projeto de lei de iniciativa popular. Há ainda o Projeto de Resolução 68/2011, que altera a redação dos arts. 91 e 254 e acrescenta o art. 216-A ao Regimento Interno da Câmara dos Deputados, para instituir rito especial de tramitação para proposições de iniciativa da sociedade civil, com especial apoio popular. O PRC 68/2011 encontra-se arquivado. Disponível em: <http://www.camara.gov.br/proposicoesWeb/prop_imp;jsessionid=D9DF085112DCC97B9BB43CFB2E8B10E2.node1?idProposicao=510352&ord=1&tp=completa>. Acesso em 27/02/15.
10. Disponível em: <http://www2.camara.leg.br/legin/fed/lei/1998/lei-9709-18-novembro-1998-352644-publicacaooriginal-1-pl.html>. Acesso em 02/03/2015.

11. Em seu art. 5º, XXXIV, a Constituição Federal garante o direito de petição aos Poderes Públicos em defesa de direitos ou contra ilegalidade ou abuso de poder. Disponível em: <http://www2.camara.leg.br/legin/fed/lei/1998/lei-9709-18-novembro-1998-352644-publicacaooriginal-1-pl.html>. Acesso em 02/03/2015.
12. Disponível em: <http://www.camara.gov.br/proposicoesWeb/prop_mostrarintegra?codteor=1110033&filename=PEC+286/2013>. Acesso em 02/03/15.
13. Art. 7º, §1º, da Lei nº 9.096. Disponível em: <http://www.planalto.gov.br/ccivil_03/leis/l9096.htm>. Acesso em 26/02/15.
14. Disponível em: <http://oglobo.globo.com/brasil/partido-de-marina-diz-ja-ter-800--mil-assinaturas-coletadas-para-criacao-9123899>. Acesso em 26/02/15.
15. Disponível em: <http://g1.globo.com/politica/noticia/2013/10/por-6-1-tse-barra--partido-de-marina-silva-nas-eleicoes-de-2014.html>. Acesso em 26/02/15.
16. Disponível em: <http://redesustentabilidade.org.br/rede-sustentabilidade-retoma--coleta-de-assinaturas-para-legalizar-partido/>. Acesso em 26/02/15.
17. Disponível em: <http://redesustentabilidade.org.br/rede-sustentabilidade-retoma--coleta-de-assinaturas-para-legalizar-partido/>. Acesso em 26/02/15.
18. No entanto, paralelamente à otimização do engajamento político por meios virtuais, deve-se pensar em mecanismos para se evitar que a facilitação do processo de criação de novas legendas seja utilizada como instrumento de mero aproveitamento da distribuição do fundo partidário ou para a criação dos chamados "partidos de aluguel", podendo aumentar a fragmentação política.
19. Art. 9º, § 1º: "A prova do apoiamento mínimo de eleitores é feita por meio de suas assinaturas, com menção ao número do respectivo título eleitoral, em listas organizadas para cada Zona, sendo a veracidade das respectivas assinaturas e o número dos títulos atestados pelo Escrivão Eleitoral."
20. Disponível em: <http://www.cjf.jus.br/cjf/tecnologia-da-informacao/identidade--digital/o-que-e-assinatura-digital>. Acesso em 05/03/15.
21. Disponível em: <http://www.iti.gov.br/certificacao-digital/certificado-digital> Acesso em 03/03/15.
22. Disponível em: <http://www.receita.fazenda.gov.br/novidades/informa/destaquecertificadodigital.htm>. Acesso em 04/03/15.
23. A propriedade do não repúdio (ou irretratabilidade) significa que o emissor não pode repudiar a autenticidade da mensagem. Disponível em: <http://pt.wikipedia.org/wiki/Assinatura_digital>. Acesso em 06/03/15.
24. Em agosto de 2001, a Medida Provisória 2.200-2 instituiu a Infraestrutura de Chaves Públicas Brasileira — ICP-Brasil, para garantir a autenticidade, a integridade e a validade jurídica de documentos em forma eletrônica, das aplicações de suporte e das aplicações habilitadas que utilizem certificados digitais, bem como

a realização de transações eletrônicas seguras. Para o instrumento ser válido juridicamente no Brasil, as chamadas autoridades certificadoras precisam fazer parte da ICP-Brasil. Somente as transações realizadas com processo de certificação envolvendo certificados emitidos por autoridades credenciadas na ICP-Brasil presumem-se verdadeiras em relação aos signatários. O Instituto Nacional de Tecnologia da Informação (ITI) é a Autoridade Certificadora Raiz da Infraestrutura de Chaves Públicas Brasileira. A Autoridade Certificadora Raiz da ICP-Brasil (AC-Raiz) é a primeira autoridade da cadeia de certificação. Executa as políticas de certificados e normas técnicas e operacionais aprovadas pelo Comitê Gestor da ICP-Brasil.

5. Proibir o nepotismo eleitoral
Joaquim Falcão e Adriana Lacombe

Há hoje vedações constitucionais para limitar o nepotismo eleitoral, para impedir que os parentes de políticos já eleitos se candidatem, pois teriam claras vantagens durante a campanha, ferindo a igualdade garantida na Constituição. No Congresso de 2015, no entanto, 63% dos membros têm parente na política.[1] As vedações não são suficientes.

Propõe-se, aqui, expandi-las, além de criar novas limitações: proibir, por exemplo, que parentes de membros do Legislativo se candidatem a qualquer cargo eletivo, ou que parentes próximos de candidatos declarados inelegíveis pela Lei da Ficha Limpa possam se candidatar.

Nepotismo, de acordo com o Conselho Nacional de Justiça, é "o favorecimento dos vínculos de parentesco nas relações de trabalho ou emprego".

Diz o Conselho que:

> As práticas de nepotismo substituem a avaliação de mérito para o exercício da função pública pela valorização de laços de parentesco. Nepotismo é prática que viola as garantias constitucionais de impes-

soalidade administrativa, na medida em que estabelece privilégios em função de relações de parentesco e desconsidera a capacidade técnica para o exercício do cargo público. O fundamento das ações de combate ao nepotismo é o fortalecimento da República e a resistência a ações de concentração de poder que privatizam o espaço público.[2]

O conceito está, então, em regra ligado à escolha de parentes para serem agentes administrativos: servidores públicos em cargos de comissão, empregados públicos, agentes temporários. Mas não se limita a isso.

A Constituição já proíbe expressamente o que chamamos aqui de nepotismo eleitoral, o nepotismo na escolha de agentes políticos titulares de cargos eletivos. Torna inelegíveis parentes de governadores, prefeitos, e presidente da República. Ou seja, além de proibir o acesso de parente a cargos públicos através de indicação pessoal, proíbe também o acesso a cargos políticos de parentes candidatos através das eleições. Proíbe a interferência do nepotismo na eleição dos agentes políticos.

A proibição é tão importante que está prevista em nossas constituições, sem exceção, desde 1891.

Em 1891, proibia-se a candidatura de parentes, até o segundo grau, do presidente e vice-presidente, exceto se já titulares de cargo eletivo no Legislativo. Na Constituição de 1934, a proibição se estendeu a parentes de terceiro grau, e aos parentes de governadores e prefeitos. A mesma proibição aparece em 1937 e 1965. Já em 1946, a limitação voltou a ser apenas até o segundo grau.

Chegou-se, então, aos dias atuais, em que diz expressamente o art. 14, §7º:

> § 7º — São inelegíveis, no território de jurisdição do titular, o cônjuge e os parentes consanguíneos ou afins, até o segundo grau ou por adoção, do Presidente da República, de Governador de Estado ou Território, do Distrito Federal, de Prefeito ou de quem os haja substituído dentro dos seis meses anteriores ao pleito, salvo se já titular de mandato eletivo e candidato à reeleição.[3]

São, pois, duas as formas de proibições aos familiares de membros do Executivo. Primeiro, veda-se o nepotismo intrapoder, dentro do próprio Executivo, ao impedir que esses familiares se candidatem a cargos do próprio Executivo.

Segundo, proíbe-se o nepotismo interpoder, impedindo-os de concorrer também a cargos do Legislativo na esfera da jurisdição de seus familiares.

Essas proibições são, no entanto, limitadas. Só atingem, por exemplo, os parentes daqueles que estão em cargo do Poder Executivo.

O nepotismo eleitoral e a predominância das mesmas famílias nos cargos eletivos continuam sendo uma marca da política brasileira. Nas eleições de 2014, por exemplo, considerando-se apenas os deputados federais, 16% vinham de famílias de políticos, muitos em exercício de cargos eleitos.[4] Não se trata apenas de experiência do passado.

Na vedação de nepotismo no poder Judiciário ou no Executivo nos cargos de confiança, o principal valor que se pretende preservar é a qualidade técnica, o mérito, de quem concorre a um cargo. E no caso dos agentes políticos eleitos, onde inexiste essa qualidade técnica aferível? Que valor pretende a proibição de nepotismo eleitoral proteger?

Não é difícil identificar. Trata-se de proteger a livre competição necessária às eleições de iguais, com oportunidades iguais, indispensáveis à democracia. Um candidato não pode ter vantagens não justificadas sobre o outro. Ser parente não é uma justificação aceita na democracia. Pode existir em regime monárquico ou nobiliárquico. Na democracia, não. Viabiliza vantagens competitivas não justificadas. Que vantagens são essas?

Identificamos pelo menos cinco vantagens do nepotismo que interferem e desequilibram a competição eleitoral:

a) Vantagem na escolha dos candidatos.
   Maior facilidade de assegurar indicação dentro do partido onde o parente é político com mandato, às vezes mesmo dirigente, influente na decisão discricionária de escolha de candidatos do

partido. Em geral o filho ou esposa de um candidato já eleito terá vantagem desigual sobre os demais "candidatos a candidatos", desconhecidos do partido, na escolha de sua lista aberta. Contatos familiares pesam mesmo antes do início da campanha eleitoral.

b) Vantagem no acesso aos recursos financeiros.

O parente tem potencial maior de acesso aos fundos de doações específicos se seu parente já em exercício for figura conhecida dos dirigentes partidários. São os partidos que escolhem como esses fundos serão distribuídos. Trata-se também de escolha financeira discricionária do partido. Aí, novamente, o partido poderá dar preferência ao filho ou parente do candidato já eleito, já conhecido.

c) Vantagem na distribuição do tempo de televisão e rádio.

Um familiar de político já conhecido pode ter também vantagem na distribuição do tempo eleitoral na televisão e no rádio, e até mesmo na ordem dessa aparição e em seus horários. Horários de maior audiência favorecem os candidatos. Sendo essa opção também discricionária do partido, a relação familiar pode vir a favorecer o parente com sobrenome conhecido no acesso à mídia.

d) Vantagem na adoção do nome eleitoral.

O candidato beneficia-se da exposição da marca da família, do sobrenome que teve no exercício anterior muita divulgação na mídia, que é conhecido dos eleitores. Muitas vezes, adota o nome de seu familiar eleito, ainda que não seja nem o seu nem o oficial do parente, para dar destaque a essa relação.

É o caso, por exemplo, de Clarissa Garotinho, no Rio de Janeiro. Garotinho não é o nome oficial de Anthony William Matheus de Oliveira, seu pai. É seu apelido. Foi adotado como nome eleitoral pelo potencial de conquistar votos. E herdado por sua esposa, Rosinha Garotinho, e sua filha.

e) Vantagem na distribuição de verbas orçamentárias.
Um parente congressista tem em geral verbas orçamentárias próprias, muita vez fruto de emendas legislativas, por exemplo, que podem ser canalizadas para setores do eleitorado, desde o próprio estado, o próprio município até o bairro e a associação que apoiará o seu parente.
Corre-se o risco de se usar a máquina pública para favorecer um novo candidato, aumentar seu eleitorado; da mesma maneira como pode ocorrer com parentes no cargo do Executivo.

O atual art. 14 e seu §7º foram estruturados a partir de limitações que hoje não se justificam mais. Limitados por três restrições importantes: temporal, territorial e material.

Há um limite temporal: a proibição apenas afeta aqueles que exerceram cargos executivos nos últimos seis meses antes das eleições. Assim, se o prefeito, governador ou presidente renunciarem ao cargo antes desse período, seus parentes ficarão livres para concorrer.[5]

Foi o que aconteceu, no último ano, com o governador do Tocantins, Siqueira Campos, que renunciou para que seu filho pudesse concorrer ao governo do estado.

Há uma limitação espacial. A proibição se restringe à área onde o eleito tenha jurisdição territorial. Assim o filho, o cônjuge e os parentes de um governador não podem concorrer apenas naquele território. Mas podem concorrer à presidência. Assim como parentes do prefeito poderiam concorrer ao governo do estado, por estarem além do território da jurisdição de seu familiar. Ou ao Poder Legislativo estadual, pela mesma razão. É nesse sentido também a jurisprudência do TSE.[6]

Há a limitação material. O texto veda apenas a candidatura de parentes de membros do Executivo. Não há qualquer limitação aos parentes de membros do Legislativo. Senadores, deputados federais e estaduais e vereadores ficam livres para eleger seus filhos, cônjuges, irmãos e parentes, seja para cargos do Legislativo, seja para cargos do Executivo. E o fazem.

Estas limitações não são suficientes para impedir a interferência do parentesco no processo eleitoral.

Nos últimos anos, identificamos uma tendência do STF e do TSE de ultrapassar a interpretação proibitiva do nepotismo eleitoral apenas com base no art. 14 na Constituição. Tendência que reforça a nossa proposta.

O STF tem também coibido o nepotismo com fundamento em outros artigos, incluindo a moralidade e a impessoalidade previstas no art. 37 e a igualdade de todos no acesso aos cargos políticos, como leitura do art. 5º da Constituição. Como exemplo, a Corte estendeu essa proibição aos cônjuges separados durante o mandato, através da Súmula Vinculante 18.[7]

Buscava-se, como ressaltou o ministro Lewandowski, evitar "a indevida utilização da máquina administrativa em favor de parentes dos ocupantes de cargos eletivos, transmudando a *res publica*, bem pertencente a todos, em *cosa nostra* para o usufruto de alguns poucos".[8]

No mesmo sentido caminhou o TSE, ampliando ainda mais as proibições. O tribunal entendeu que se um membro do Executivo é eleito para dois mandatos, seu cônjuge ou familiar não pode ser eleito para um terceiro, ainda que o primeiro saia do cargo um ano antes do fim do mandato. A razão de ser da norma, ressaltam os ministros, é impedir que uma mesma família se perpetue por três mandatos no poder.[9]

Há ainda algumas tentativas de ampliação no Congresso também. Projetos restringindo a indicação de suplentes da mesma família do candidato, ou estendendo a limitação constitucional para parentes de terceiro grau.

Nossas propostas para restringir o nepotismo e aplicar estes princípios constitucionais da moralidade, impessoalidade e da igualdade para todos nas eleições são cinco:

a) proibir que parentes até segundo grau de membros do Legislativo sejam candidatos, a cargos do próprio Legislativo ou do Executivo, em qualquer esfera;
b) proibir que parentes até segundo grau possam substituir candidatos impugnados ou cassados pela Lei da Ficha Limpa;
c) proibir que uma chapa de candidato e vice seja composta por parentes de até o terceiro grau, no Executivo e no Legislativo, com especial atenção aos suplentes de senadores;
d) estender a limitação existente, para que parentes até segundo grau de membros do Executivo não possam se candidatar a nenhum cargo eleitoral;
e) estender o prazo de desincompatibilização de parente até o terceiro grau de seis meses para metade do mandato.

A primeira proposta visa combater o que chamamos de nepotismo legislativo vertical: a eleição de parentes de membros do Legislativo que concorrem a cargos dentro do próprio poder Legislativo. Parentes de senadores se elegem deputados federais, deputados estaduais e vereadores. Cria-se uma cascata de influências nepotistas. Dobradinhas familiares.

No Rio Grande do Norte, por exemplo, dentre os oito deputados federais eleitos nas últimas eleições, seis eram de família política tradicional, sendo dois filhos de senadores em exercício: Walter Alves, filho do senador Garibaldi Alves, e Felipe Maia, filho do senador José Agripino Maia. Em Goiás, o deputado federal Lucas Vergílio é filho do deputado federal Armando Vergílio. Em Minas Gerais, o deputado federal Newton Cardoso Júnior é filho do deputado federal Newton Cardoso, e M sael Varella é filho do deputado federal Lael Varella. Na Paraíba, Pedro Cunha Lima, eleito deputado federal, é filho do senador Cássio Cunha Lima.

A primeira proposta visa ainda impedir o que chamamos de nepotismo horizontal, ou interpoderes, quando o nepotismo ocorre entre o Poder Legislativo e o Executivo.

Embora haja proibição de que os parentes de membros do Executivo concorram no Legislativo daquela região, não se proíbe o contrário. Se é verdade que o filho do governador não pode ser deputado estadual, não é verdade que o filho do deputado não pode se candidatar a governador. Parentes de senadores e de deputados federais não sofrem qualquer limitação.

Assim, esses familiares, além de serem candidatos no Legislativo, no já mencionado nepotismo vertical intrapoder, são candidatos também no Executivo, nepotismo interpoderes.

Foi o que aconteceu em 2014 no Pará, com o filho do senador Jader Barbalho, Hélder Barbalho, que se candidatou a governador do estado. Ou no Maranhão, onde concorreu a governador Lobão Filho, filho do senador Edilson Lobão e da deputada Nice Lobão.

Já a segunda proposta visa impedir uma espécie de nepotismo de substituições, como foi o caso do governador do Distrito Federal Joaquim Roriz.

Em 2010, Roriz foi declarado inelegível pelo STF, através da aplicação da chamada Lei da Ficha Limpa. Recorreu ao Supremo, mas antes que seu recurso fosse julgado desistiu de concorrer novamente a governador do Distrito Federal em favor de sua mulher, nunca antes candidata a cargo eletivo, Weslian Roriz. Formalmente, a hipótese não contrariava a lei. Contrariava, no entanto, a moralidade, princípio constitucional da administração pública do art. 37 da Constituição.

Afinal, como ressaltado em texto anterior,

> a moralidade é necessária porque equilibra a competição. Sua falta, desequilibra. O direito a resguardar é sobretudo o interesse dos demais eleitores. A moralidade é um direito subjetivo público. Ou melhor, do público. De cada um.[10]

Proibido de se candidatar, sua esposa pretendia recolher os votos da candidatura ilegalizada. Ora, se um candidato no exercício do cargo se torna inelegível, seus parentes também deveriam ficar inelegíveis naquele período.

Infelizmente não foi o que aconteceu no caso de Roriz. Nem o que entendeu o TSE, em caso semelhante, em que o prefeito fora cassado, mas seus familiares puderam concorrer ao cargo de vereador no mandato seguinte:

> Cônjuge. Parentes 2º grau. Elegibilidade. Câmara de vereadores. Prefeito reeleito cassado. [...] Tendo em vista que, no caso, a cassação ocorreu no segundo mandato, antes do prazo de seis meses exigidos para a desincompatibilização, o prefeito reeleito, seu cônjuge e seus parentes poderão se candidatar ao cargo de vereador no pleito subsequente (art. 14, § 6º, da CF).[11]

E não se diga que a prática durou apenas até o ano de 2010. Em caso semelhante, em 2014, Neudo Campos, ex-governador de Roraima, teve sua candidatura barrada pela Lei da Ficha Limpa. Foi substituído por sua esposa, Suely Campos, eleita governadora do estado. Não houve qualquer vedação.

O TSE impõe apenas um limite, nos casos de cassação. O mesmo limite imposto àqueles que renunciam a seu mandato: o tribunal considera que, caso um membro do Executivo seja cassado em seu segundo mandato, seus familiares não poderão concorrer especificamente àquele cargo, por significar uma perpetuação da mesma família por três mandatos no poder. Para além disso, não há vedações.

Nossa terceira proposta tem como objetivo combater o problema causado por chapas em que o candidato ao cargo e seu vice são da mesma família. É comum, inclusive, que senadores, antevendo possíveis cargos em secretaria ou ministério, por exemplo, indiquem seus filhos ou seus parentes como suplentes, fazendo com que a mesma família ocupe simultaneamente dois cargos relevantes.

Em 2010, 22% das cadeiras do Senado eram ocupadas por suplentes. A vaga de Edilson Lobão, por exemplo, foi ocupada por seu filho, Lobão Filho, enquanto a vaga de Acir Gurcaz foi preenchida durante parte de seu mandato por seu pai, com mesmo nome.

Por fim, tanto a quarta quanto a quinta propostas têm o objetivo de limitar ainda mais as restrições impostas aos familiares de membros do Executivo. A quarta, impedindo a candidatura desses parentes a qualquer cargo eletivo, e evitando assim influências negativas em qualquer esfera de jurisdição.

Já a quinta visa aumentar para metade do mandato o período de desincompatibilização, o que aumentaria em muito o custo do candidato eleito que decide renunciar para permitir a candidatura de seus parentes. A renúncia é um direito subjetivo do titular do cargo, é verdade. Não pode, no entanto, ser usada como uma manobra política para burlar o interesse público de eleições igualmente competitivas.

Em suma, é preciso que haja igualdade de condições entre os candidatos. Essa igualdade é afetada quando as decisões partidárias que são discricionárias e não objetivas podem ser afetadas pela influência de agentes políticos parentes de candidatos. Impacto positivo da discricionariedade partidária no favorecimento dos candidatos com parentes no próprio partido deve ser o critério final da legalidade ou não do uso da discricionariedade.

Diz o art. 14 da Constituição que "A soberania popular será exercida pelo sufrágio universal e pelo voto direto e secreto, com valor igual para todos". A expressão "valor igual para todos" não significa apenas que todos os votos tenham o mesmo peso: 1 (um). Vai mais além. Fere o princípio da isonomia, que deve ser entendido em duplo aspecto: igualdade de oportunidades entre os candidatos e igualdade de escolha para os eleitores.

Não basta garantir que todo voto é um voto. E que todo cidadão possa concorrer aos cargos eletivos. É preciso que haja igualdade de condições entre os candidatos. E para isso é preciso tratá-los de forma diferente. Daí a necessidade de vedação a determinadas candidaturas.

Nesse sentido, tratando da proibição de que candidatos a cargos do Executivo comparecessem à inauguração de obras públicas nos três meses antes das eleições, o ministro Eros Grau afirmou que:

> A concreção do princípio da igualdade reclama a prévia determinação de quais sejam os iguais e quais os desiguais. O direito deve distinguir pessoas e situações distintas entre si, a fim de conferir tratamentos

normativos diversos a pessoas e a situações que não sejam iguais. Os atos normativos podem, sem violação do princípio da igualdade, distinguir situações a fim de conferir a um tratamento diverso do que atribui a outra. É necessário que a discriminação guarde compatibilidade com o conteúdo do princípio.[12]

No mesmo sentido diz o ministro Celso de Mello. Assim, é preciso "rejeitar qualquer prática que possa monopolizar o acesso aos mandatos eletivos e patrimonializar o poder governamental, comprometendo, desse modo, a legitimidade do processo eleitoral".[13]

Afirmou ainda o ministro Celso de Mello, em decisão que estendeu a resolução do CNJ que proibia o nepotismo ao Executivo e ao Legislativo,

> quem tem o poder e a força do Estado em suas mãos não tem o direito de exercer em seu próprio benefício, ou em benefício de seus parentes ou cônjuges, ou companheiros, a autoridade que lhe é conferida pelas leis desta República.[14]

Notas

1. ALLEGRO, Daniela. "DNA do Congresso Nacional". Disponível em: <http://oglobo.globo.com/blogs/base-dados/posts/2015/02/02/dna-do-congresso-nacional-560051.asp>. Acesso em 11/02/2015.
2. Definição disponível em: <http://www.cnj.jus.br/component/content/article/356--geral/13253-o-que-e-nepotismo>. Acesso em 02/01/2015.
3. CONSTITUIÇÃO DA REPÚBLICA FEDERATIVA DO BRASIL. Artigo 14, § 7º.
4. "Parentes de políticos são pelo menos 16% dos deputados federais eleitos." In: <http://g1.globo.com/politica/eleicoes/2014/noticia/2014/10/parentes-de-politicos--sao-pelo-menos-16-dos-deputados-federais-eleitos.html>. Acesso em 02/01/2015.
5. Exceto se eles quiserem concorrer ao mesmo cargo no Executivo, o que constituiria um terceiro mandato, vedado pela interpretação do TSE. Mas os parentes ficam livres para concorrer a cargos do Legislativo.

6. TSE. Resolução nº 22.076, de 06/09/2005, relator: ministro Caputo Bastos.
7. "A dissolução da sociedade ou do vínculo conjugal, no curso do mandato, não afasta a inelegibilidade prevista no § 7º do artigo 14 da Constituição Federal."
8. STF. RE 568.596, relator: ministro Ricardo Lewandowski. Tribunal Pleno, julgamento em 1º/10/2008, DJe de 21/11/2008.
9. STF. RE 543.117-AgR, relator: ministro Eros Grau, julgamento em 24/6/2008, Segunda Turma, DJE de 22/08/2008.
10. FALCÃO, Joaquim. "Nepotismo eleitoral". Disponível em: <http://noblat.oglobo.globo.com/artigos/noticia/2010/09/nepotismo-eleitoral-328056.html>. Acesso em 02/01/2015.
11. TSE. Resolução nº 22.777, de 24/04/2008, relator: ministro Marcelo Ribeiro.
12. STF. ADIn 3.305, relator: ministro Eros Grau, julgamento em 13/9/2006. Plenário, DJ de 24/11/2006.
13. STF. RE 158.314, relator: ministro Celso de Mello, julgamento em 15/12/1992, Primeira Turma, DJ de 12/02/1993.
14. STF. ADC 12, relator: ministro Carlos Britto. Tribunal Pleno, julgado em 20/08/2008, DJe-237 DIVULG 17/12/2009.

6. Como aumentar a imparcialidade do Supremo em relação ao TSE
Diego Werneck Arguelhes

Nas eleições brasileiras, o Tribunal Superior Eleitoral (TSE) exerce funções múltiplas: legislador, fiscalizador, gestor e julgador. Embora essa configuração seja tradicional no Brasil, ela esconde riscos. Em alguns momentos dos últimos anos, ministros do TSE mostraram que nem sempre é fácil ser um julgador imparcial de um processo eleitoral que eles mesmos projetaram e administraram. Em vez de avaliadores críticos, podem se tornar defensores de seu próprio legado.

Nesse cenário, o Supremo Tribunal Federal (STF) é uma defesa institucional contra os perigos da confusão de papéis, podendo dar a última palavra sobre as regulações e decisões administrativas e judiciais do TSE. Entretanto, os ministros "autores" do processo eleitoral no TSE participam também da votação e análise de sua própria obra junto ao TSE. São ministros "duplos", criadores e fiscais de sua própria criação, e podem exibir os mesmos vieses que encontramos em algumas decisões do STF. A combinação de um TSE "múltiplo" e de ministros "duplos" prejudica controles fundamentais para a organização dos poderes. Para minimizar esse problema, o artigo propõe uma estratégia processual: quando estiver em jogo, no STF, avaliar medidas ou decisões do TSE, ministros do TSE podem prestar informações e participar dos debates, mas sem voto.

Na fábula de La Fontaine, a águia pede à coruja que descreva seus filhotes, para que possa reconhecê-los e evitar comê-los por engano. "Minhas crias são tão lindas que não há como se confundir", diz a coruja; "são os mais belos pássaros que você já viu". Ocorre que os filhotes da coruja são, na verdade, bastante feios. Confiante na avaliação da coruja, a águia os devora por engano. As falhas de suas criações são, no fundo, suas falhas. Enamorada de suas criações, a coruja não conseguirá cumprir o duplo papel de criadora e juíza imparcial das falhas de suas crias.

No Brasil, na esfera eleitoral, temos colocado alguns juízes na mesma posição da coruja. Temos ministros "duplos", e em mais de um sentido. Ministros do Tribunal Superior Eleitoral que são, ao mesmo tempo, juízes de sua própria administração e legislação. E ministros do Supremo Tribunal Federal que precisam discutir o mérito de decisões e arranjos que eles mesmos adotaram como ministros do TSE. Nesses contextos, como a coruja de La Fontaine, eles precisam ser improváveis críticos de si mesmos.

O TSE é, ao mesmo tempo, o principal legislador, administrador, fiscal e juiz do empreendimento eleitoral. Ele tem sido independente tanto dos outros poderes quanto dos participantes na disputa eleitoral. Mas, como discutiremos nas próximas páginas, a julgar pelas eleições de 2014, seus integrantes têm dado alguns sinais de parcialidade quando se trata de julgar sua própria obra — o processo eleitoral. É certo que, mesmo assim, a última palavra sobre as criações e decisões do TSE cabe ao STF. Contudo, essa salvaguarda não tem funcionado como poderia e deveria, devido ao novo problema de potencial parcialidade.

Tanto o presidente quanto o vice-presidente do TSE são ministros do STF. E, pelas regras hoje vigentes, deliberam e decidem sobre decisões do TSE — inclusive quando lá atuaram como legisladores eleitorais — dentro do STF. Essa dupla função pode comprometer a imparcialidade da última palavra. Defender a própria criação é um impulso demasiadamente humano, que não desaparece quando se passa de um prédio a outro em Brasília — ou quando se tira o chapéu de legislador ou administrador, para colocar então o de juiz. Pedir aos ministros do TSE que voltem para o STF para buscar defeitos em sua própria atuação na esfera eleitoral parece ser o equivalente institucional da pergunta da águia à coruja na fábula de La Fontaine. Como podemos enfrentar e resolver esse dilema?

A origem do problema está, na verdade, em uma solução. Na tradição brasileira, juízes recebem a responsabilidade de organizar a competição eleitoral no país. Vários países, como EUA e França, colocam a regulação, fiscalização e administração do processo eleitoral nas mãos de algum dos outros poderes eleitos, como o Executivo ou o Legislativo. No Brasil, desde as primeiras décadas do século XX, o caminho foi duplamente distinto. Não apenas retiramos essa responsabilidade dos poderes eleitos, mas, em vez de criar uma instituição específica, colocamos a tarefa nas mãos do Judiciário já existente. A intuição por trás da criação de uma Justiça Eleitoral independente é simples: quem é parte em uma disputa eleitoral e, portanto, tem algo a perder ou a ganhar nessa corrida não poderá realmente ser um árbitro imparcial dos conflitos que inevitavelmente surgirão na disputa.

Assim, se os ocupantes de cargos no Executivo e no Legislativo podem ter incentivos para conduzir as eleições de modo a favorecer seu partido ou sua própria reeleição, a entrada em cena de um Judiciário independente neutraliza esse risco. A Justiça Eleitoral brasileira possui garantias que permitem que seus membros decidam independentemente das eventuais pressões dos poderes eleitos. O resultado esperado, e que efetivamente tem se verificado na nossa história democrática recente, é que não há contestações relevantes do resultado das eleições. Uma vitória não só de gestão, mas de legitimidade. Os derrotados nas urnas têm separado o processo eleitoral do resultado eleitoral. O processo em si, as regras da disputa e a solução de conflitos eleitorais são, no geral, percebidos como criação de uma instituição neutra em relação aos competidores.[1]

Esse é, sem dúvida, o lado vitorioso do desenho institucional brasileiro. Os juízes eleitorais e ministros do TSE são terceiros desinteressados com relação a *quem vence* as eleições. Podem ser partes interessadas, contudo, quando se trata de saber se houve ou não algum problema *na organização* das eleições em si. Não lhes interessa (espera-se) quem vencerá as eleições, mas têm todo interesse em que o empreendimento das eleições como um todo seja bem-sucedido — e percebido como bem-sucedido. O processo eleitoral é criação dos ministros do TSE, que, por força da Constituição, atuam como legisladores, na prática, sobre matéria eleitoral. Some-se a isso a função de gestores das eleições, e temos uma mesma instituição criando regras e diretrizes, gerindo diariamente a implementação dessas regras e solucionando conflitos concretos nesse processo.

Considere, por exemplo, a Resolução nº 23.404, de 2014, que "dispõe sobre propaganda eleitoral e condutas ilícitas em campanha eleitoral nas eleições de 2014".[2] A resolução define, entre outras coisas, o que contará como "propaganda eleitoral antecipada", e suas exceções; também determina os horários nos quais será veiculada a propaganda eleitoral na TV e no rádio. A Justiça Eleitoral define quando e como a propaganda será legítima; fiscaliza se essas regras estão sendo cumpridas; e resolve todos os conflitos que surgem na aplicação diária das regras que o próprio TSE criou. O tribunal é uma legião de instituições combinadas em uma só, e seus integrantes são gestores e julgadores de sua própria criação.

A nomenclatura e a liturgia do cargo que ocupam podem ofuscar esse dado e suas implicações. Dentro do plenário do TSE, há indivíduos que cumprem simultaneamente papéis institucionais muito diferentes. São todos chamados de "ministros" e, formalmente, ocupam cargos judiciais. Não se pode, porém, confundir o *papel* com o *cargo*. Na prática, em muitos contextos, os ministros do TSE agem como administradores e legisladores. Quando formulam regras e procedimentos eleitorais, formas de organização das eleições, estratégias de gestão e de relações públicas e decidem alocações orçamentárias, não perdem o *cargo* de juízes. Mas, definitivamente, não estão exercendo funções judiciais.

COMO AUMENTAR A IMPARCIALIDADE DO SUPREMO EM RELAÇÃO AO TSE

Quando a administração ou a legislação eleitoral do TSE são contestadas por uma das partes do processo eleitoral, o conflito com frequência terminará passando pelo próprio Supremo Tribunal Federal. E é aí que a acumulação de funções se torna perigosa para a imparcialidade. Nessas situações, o que se pede ao ministro do STF é que decida se concorda com a sua própria decisão no TSE — não apenas as que tomou como juiz, mas também como gestor público e como fiscal. Esse é um pedido razoável? É possível contar com a imparcialidade dos ministros do STF quando se trata de se decidir acerca de sua própria atuação em uma esfera completamente distinta? Ministros do STF são seres humanos, e não há nenhuma razão para assumirmos que possuem virtudes muito acima da média do resto de nós.

Talvez o leitor pense que esse problema, embora faça sentido em tese, não chegou realmente a se materializar no Brasil. Uma possibilidade incômoda, mas não um risco concreto. Não é esse, contudo, o cenário que alguns episódios das últimas eleições sugerem. Até 2012, por exemplo, o TSE permitia um período de testes públicos de segurança das urnas. Naquele ano, uma equipe de pesquisadores da Unicamp encontrou um conjunto de falhas no software das urnas eletrônicas que poderiam ser explorados para violar o sigilo do voto de eleitores específicos ou até adulterar o resultado das eleições.[3] Em resposta a esse importante achado, o TSE se fechou. Cancelou os testes públicos de segurança das urnas, sem dar qualquer satisfação sobre como as falhas apontadas pela equipe de pesquisadores seriam neutralizadas. Combateu o problema (descoberto graças à transparência) com imposição de segredo. A negação de visibilidade do problema, evidentemente, não resolve o problema. Nas eleições de 2014, a falta de transparência produziu questionamentos da segurança e confiabilidade das urnas em um grau que ainda não havíamos presenciado, na imprensa, na academia e nas redes sociais.
Em 2014, o TSE decidiu começar a utilizar, em um grande número de locais de votação, mecanismos de reconhecimento biométrico, no lugar da confirmação "manual" da identidade do eleitor

por meio de documento e assinatura. A estrutura administrativa necessária para adotar esse novo sistema foi enorme, e a Justiça Eleitoral investiu muito tempo e recursos, nos últimos anos, para que a biometria pudesse ser utilizada em 2014 em escala relativamente larga. Houve, porém, uma série de problemas, de lentidão e dificuldades de utilização do sistema até duplicidade de identificação em casos extremos.

As falhas foram localizadas em alguns estados, e, mesmo nesses estados, não chegaram a afetar mais de 1% das urnas. Mesmo assim, os episódios poderiam indicar possíveis riscos e limitações dos procedimentos de biometria. Em suas declarações oficiais, porém, em vez de discutir como aperfeiçoar esse mecanismo, o presidente do TSE, ministro Dias Toffoli, minimizou o problema. Comparou a biometria a um "carro novo", cujos recursos o novo proprietário demora a dominar; afirmou que o país "não voltará atrás" na decisão de utilizar o sistema, mantendo-se a previsão de utilização exclusiva da biometria em 2018. Disse ainda que a biometria representaria um ganho para o país, pois daria a todos os cidadãos um sistema único, nacional e confiável de identificação.

Essas não são, de modo algum, manifestações de um juiz imparcial, um avaliador distante e desinteressado da atuação de partes terceiras. São respostas defensivas de um gestor que, após ter apostado em certas diretrizes e prioridades e adotado um plano de ação, precisa prestar contas e mostrar que sua gestão foi realmente muito boa.[4] Para os fins de meu argumento neste artigo, o preocupante não são os problemas das urnas e da biometria em si. É impossível imaginar que a administração de algo tão complexo quanto as eleições brasileiras não enfrentará uma série de dificuldades e imprevistos. O problema está justamente nas atitudes defensivas que o TSE adotou perante críticas sérias, pertinentes e de boa-fé sobre problemas visíveis.

Na verdade, seria surpreendente se, ao contrário da coruja de La Fontaine, os ministros do TSE conseguissem agir com plena imparcialidade diante de si mesmos. Por ser institucionalmente independente dos outros poderes e dos candidatos na disputa eleitoral, é razoável esperar que o juiz eleitoral vá conseguir se distanciar das certezas trazidas pelas partes interessadas. Mas se distanciar, como juiz, da sua própria atuação como gestor e legislador é tarefa muito mais difícil.

Há sinais de que os ministros do TSE podem se posicionar como defensores de seu próprio legado, esforçando-se para preservar a imagem de sucesso do nosso sistema, resistindo a diálogos transparentes sobre as limitações dos procedimentos e mecanismos que criam. Na ordem constitucional brasileira, existe um contrapeso a esse risco. Como já dito, em última instância, a atuação do TSE pode ser monitorada e eventualmente corrigida pelo STF. Porém esse controle é limitado; o STF enfoca violações da Constituição, seja em casos concretos ou em abstratos, mas não entra no mérito administrativo, operacional, do que faz o TSE como gestor do processo eleitoral.[5] Mesmo assim, é um controle relevante. Se as partes na competição eleitoral, o Ministério Público ou outras entidades da sociedade civil considerarem que o TSE se excedeu e desrespeitou a Constituição, as muitas portas processuais do STF estão abertas.[6]

Mas o que essa abertura significa, na prática, em termos de controle efetivamente *imparcial* da atuação do TSE? Há indicadores quantitativos e qualitativos que, embora não encerrem o debate, sugerem que há problemas à vista. Em termos quantitativos, o cenário que surge é de deferência do STF em relação ao TSE. Utilizando o banco de dados do projeto Supremo em Números, da FGV Direito Rio, é possível visualizar a frequência com que o STF discorda do TSE em alguns tipos de ações. Foram enfocadas apenas ações diretas de inconstitucionalidade (ADIn), mandados de segurança (MS) e reclamações — espécies processuais nas quais a contestação judicial ao TSE pode se expressar com mais frequência.[7] Dos 234 processos, de 1988 a 2014, nos quais o TSE estava no polo passivo, em mais de 98% dos casos o STF manteve intacta, sem qualquer alteração, a decisão ou regra criada pelo TSE. Isto é, em apenas uma ínfima minoria (quatro processos, menos de 2% do total) o STF concordou parcial ou integralmente com o pedido formulado pela parte que contestava o TSE.

No entanto, esses dados precisam ser analisados com algumas cautelas em mente. O grau de deferência ou agressividade de um tribunal em relação a outras instituições políticas ou judiciais não pode ser medido exclusivamente em termos quantitativos, por vários motivos. Tendo em vista o baixo custo para se contestarem judicialmente essas decisões do TSE, muitas vezes a parte inconformada judicializa sua insatisfação mesmo sabendo que tem poucas chances de ganhar. Afinal, na pior das hipóteses, ainda que perdendo no fim do processo, ganhou mais tempo, atrasou um resultado desfavorável e atraiu mais atenção para sua causa.[8] Com isso, é esperado que o número de decisões do TSE que sejam de fato controvertidas e potencialmente inconstitucionais seja baixo. Contesta-se o TSE mesmo em casos nos quais não há nenhum motivo jurídico para crer que o STF discordará daquela decisão ou norma. Mesmo assim, porém, 2% é um número suficientemente baixo para recomendar que se olhe o problema com mais atenção.

Além disso, é importante ressaltar que, mesmo mantendo intocadas praticamente todas as decisões e regras do TSE questionadas, o STF pode discordar radicalmente do TSE em um conjunto pequeno de casos *muito* importantes. Em 2014, por exemplo, o STF julgou uma série de ações diretas de inconstitucionalidade (e uma ação declaratória de constitucionalidade) sobre a Resolução nº 23.389/2013 do TSE, que regulava o número de assentos em disputa na Câmara dos Deputados e nas Assembleias Legislativas estaduais, com base na Lei Complementar nº 78/1993. Alegava-se que, ao editar essa norma, o TSE teria extrapolado sua competência de regulamentar a Lei Complementar nº 78, chegando inclusive a criar uma série de mecanismos e critérios de definição do número de cadeiras que não encontrariam respaldo naquele texto legal. No fim, por oito votos a três, o STF considerou a resolução inconstitucional.

Nesse caso, portanto, o STF claramente discordou das regras criadas pelo TSE, em um tema importante e de ampla repercussão. O controle "externo" do STF sobre o TSE mostrou que pode de fato funcionar.

Entretanto, é preciso olhar para casos como esse com mais calma. No caso dessas ADIns, o tema já havia levantado controvérsias dentro do próprio TSE. A resolução fora aprovada após extenso debate e com votos vencidos, incluindo os dos ministros Cármen Lúcia Antunes Rocha e Marco Aurélio Mello, que chegaram a fazer objeções de constitucionalidade. O ministro Toffoli votou favoravelmente à Resolução nº 23.389/2013. Isto é, o próprio TSE havia se dividido quanto à questão — e quanto a como enfrentá-la, com alguns ministros do STF já entrando na discussão de constitucionalidade.

Além disso, se vamos confiar no STF como controlador judicial do TSE como legislador, e se três ministros do TSE são também integrantes do STF, é importante saber como esses três ministros se comportaram no momento do julgamento de constitucionalidade. Afinal, se estamos investigando o quanto o STF consegue controlar o TSE de forma independente e imparcial, muito depende da possibilidade de os ministros "duplos" se comportarem de forma imparcial quando julgarem ações do TSE.

Nesse nível de análise, porém, as preocupações com a imparcialidade do controle do STF parecem só aumentar. Os três ministros "duplos" votaram no mesmo sentido de suas posições anteriores, expressas no debate dentro do TSE. Dias Toffoli, na verdade, não chegou a apresentar argumentos próprios no STF; em seu voto, só seguiu o relator.[9] Durante os debates, porém, fez várias intervenções observando que a decisão pela anulação da resolução seria "inconsequente" e geraria efeitos desastrosos para a organização das eleições de 2014.[10] A ministra Cármen Lúcia, do lado oposto no STF como no TSE, tampouco apresentou voto próprio extenso. Apenas seguiu o outro divergente da ministra Rosa Weber, observando inclusive que assim procedia por já ter votado no TSE.[11] Por fim, no mesmo lado da ministra Cármen Lúcia, o ministro Marco Aurélio também fez da sessão do STF um prolongamento do debate no TSE, com referências explícitas ao que havia defendido no outro papel.[12]

Nada disso é prova conclusiva de que os ministros do STF que estão no TSE são incapazes de votar contra as medidas que apoiaram no passado. Aliás, especificamente no caso de decisões judiciais, isto é o que ocorre quando o Plenário do STF discute, em recurso, uma decisão tomada no âmbito de uma de suas turmas. Tampouco podemos afirmar que seus outros colegas de tribunal necessariamente se sentem melindrados quando precisam criticar o que seus pares fizeram à frente da Justiça Eleitoral. O ponto não é sobre o comportamento dos ministros A ou B, mas sim de uma limitação do nosso desenho institucional, que parece gerar problemas de parcialidade devido a uma combinação de duas propriedades que estão ausentes em casos mais comuns de recursos de turmas para o Plenário do STF, por exemplo. Temos um arranjo que a) faz com que ministros do TSE sejam juízes, administradores e legisladores simultâneos; e b) quando suas decisões são contestadas, três desses mesmos ministros vão enfrentar novamente a questão no âmbito do STF.

Mesmo em casos nos quais o TSE não formou uma posição homogênea, o risco de parcialidade (real ou, no mínimo, aparente) parece inescapável: ministros que venceram no TSE estão defendendo sua própria proposta administrativa ou legislativa, agora no STF; ministros que perderam como administradores ou legisladores no TSE estão tendo uma segunda chance de prevalecer, agora como juízes. Nos dois casos, ambos já expressaram pública e oficialmente qual sua posição sobre o tema. O problema não é relevante quando ocorre dentro da mesma instituição; um ministro que concede uma liminar no STF já está, em alguma medida, antecipando considerações sobre a questão. Mas a situação é diferente quando se trata de duas instituições que deveriam ser independentes, cabendo a uma delas a tarefa de controlar, como julgadora, a atuação executiva ou legisladora da outra.

Nossos mecanismos de controle imparcial do TSE *como autor e gestor* do processo eleitoral parecem ser insuficientes. Talvez sem sentir, recriamos no Brasil um problema central das origens do constitucionalismo moderno: os perigos da confusão entre quem administra, quem legisla e quem julga. O que pode ser feito, realisticamente? Transformar a competência do TSE ou do STF exigiria passarmos por um demorado processo de emenda constitucional. Mais ainda, mesmo com o diagnóstico das limitações do nosso desenho, não tenho aqui a pretensão de sugerir um arranjo institucional alternativo superior ao existente. O saldo da experiência da Justiça Eleitoral brasileira tem sido positivo, em que pese a necessidade de reformas pontuais. Como então minimizar os riscos de parcialidade descritos anteriormente? Como ampliar os controles imparciais sobre quem está à frente do processo eleitoral brasileiro?

No Regimento, como no direito processual brasileiro em geral, já existem as figuras do impedimento e da suspeição. Sem entrar nas relevantes diferenças técnicas entre os dois, são mecanismos que impedem que o juiz atue em um processo no qual a sua imparcialidade estaria prejudicada — por sua relação com uma das partes, com a causa, ou mesmo com as consequências diretas da decisão.[13] Mais do que preservar a imparcialidade, esses mecanismos ajudam a proteger a *aparência de imparcialidade*. Quando há motivos para que as pessoas em geral, inclusive a parte derrotada, sintam-se justificadamente desconfiadas da imparcialidade do juiz. Ou seja, o problema é em parte de substância (o juiz conseguirá ser imparcial?), mas, sobretudo, de credibilidade e legitimidade (a decisão do juiz será percebida como imparcial?).[14] O que a legislação processual faz é reconhecer que há alguns fatores que efetivamente prejudicam esse segundo elemento, do ponto de vista dos cidadãos, ainda que juízes particularmente virtuosos consigam decidir esses casos de forma imparcial.

Minha proposta é simples: que os ministros que votaram no TSE não possam votar no STF quando estiverem deliberando sobre as mesmas questões. A formatação específica dessa regra — como impedimento ou como suspeição — é tecnicamente importante, mas não vou explorá-la aqui. O que importa é a ideia e o objetivo: por meio de uma minimização da influência dos ministros "duplos", expandir a imparcialidade do plenário do STF para avaliar e, se necessário, controlar a ação do TSE. Os ministros "duplos" podem, é claro, participar das sessões e oferecer argumentos. Mas, além do efeito prático da ausência de voto, a mudança que proponho terá um efeito simbólico. Esses ministros estarão argumentando na posição de quem já revelou preferência sobre o tema *em um papel não judicial*, o que torna difícil separar a posição de juiz da posição de quem está defendendo a sua própria criação na esfera eleitoral. Trazem informações, argumentos e pontos de vista, mas não votos supostamente imparciais.

Hoje, contudo, a aplicação desses mecanismos aos ministros "duplos" esbarra em duas barreiras, uma jurisprudencial e outra regimental. Em seu artigo 277, parágrafo único, o Regimento Interno do STF dispõe que "não estão impedidos os Ministros que, no Tribunal Superior Eleitoral, tenham funcionado no mesmo processo ou no processo originário, os quais devem ser excluídos, se possível, da distribuição". Adicionada ao regimento em 1985, essa regra exclui impedimento ou suspeição nos casos em que um mesmo processo passar pelo TSE e chegar ao STF. Mas pode ser facilmente alterada por uma nova emenda regimental.

Nos casos de contestação de norma criada pelo TSE por meio de ação direta de constitucionalidade, segundo jurisprudência consolidada do STF, não cabe falar em suspeição ou impedimento. Segundo essa linha de raciocínio jurisprudencial, esses são casos de processos "objetivos", isto é, processos sem partes em sentido técnico. São casos nos quais o tribunal precisa apenas responder a uma questão abstrata de compatibilidade entre norma inferior e a Constituição, sem dizer que uma parte concreta teve ou não um direito violado. A distinção entre processos "objetivos" e "subjetivos" cumpre vários papéis relevantes no sistema de controle de constitucionalidade do STF, e não desejo aqui sugerir o seu abandono. Parece-me um formalismo injustificado, porém, aplicá-la em casos como o da Resolução nº 23.389/2013, discutida anteriormente. Ainda que, em sentido técnico e estrito, não haja "partes" em disputa quando o STF discutiu a constitucionalidade da regra criada pelo TSE, é difícil negar, em termos práticos, que um ministro que votou pela criação da resolução no tribunal eleitoral atuou lá como *legislador,* e agora precisa ser juiz da própria legislação que apoiou e ajudou a criar.

COMO AUMENTAR A IMPARCIALIDADE DO SUPREMO EM RELAÇÃO AO TSE

Mesmo sem qualquer mudança regimental ou jurisprudencial oficial, os ministros "duplos" poderiam inclusive se declarar suspeitos por motivo de foro íntimo, nos termos da legislação vigente.[15] Há modelos importantes desse tipo de atitude no passado do STF. Por exemplo, no julgamento do mandado de segurança impetrado por Fernando Collor de Mello contra a resolução do Senado que o condenou a inabilitação para exercício de cargo ou função pública por oito anos. O ministro Sydney Sanches, então presidente do STF, havia presidido o processo de impeachment no Senado, como manda a Constituição. Quando o STF começou a analisar o MS de Collor, Sanches optou por se declarar impedido. Considerou que o fato de ter "presidido todos os atos do processo no Senado, lavrado e assinado [...] a sentença que resultou do julgamento" do Senado, bem como ter "prestado informações no processo [no STF]", era razão suficiente para tornar delicada sua participação em uma decisão do STF sobre a atuação do Senado. No caso de Sanches, seu envolvimento com o Senado era estritamente formal — apenas presidiu a sessão de impeachment, sem ter sequer votado. O que dizer quando o envolvimento é de fato substancial, como quando um ministro do STF precisa votar sobre uma resolução ou decisão que ele mesmo propôs e defendeu na esfera eleitoral?

Estamos diante de um momento oportuno para repensar — regimental, jurisprudencial e individualmente — a posição dos ministros do STF sobre impedimento e suspeição com relação ao TSE, temperando-a com uma dose de realismo, a partir dos exemplos e problemas descritos. Menos importante do que saber se o processo é "objetivo" ou "subjetivo" (questões técnicas, de interesse de advogados e juízes) é saber se o resultado do processo de controle do poder do TSE pode ser considerado imparcial (uma questão de interesse geral da cidadania). Na raiz da ideia da separação de poderes, encontramos o insight de que cumular funções e papéis na mesma pessoa ou instituição pode levar a abusos, ainda que de boa-fé.

A proposta esboçada anteriormente é apenas um caminho possível para alinhar a técnica jurídica com problemas práticos, visíveis nas eleições passadas. Evitar abusos e promover o controle do poder é mais relevante do que distinções doutrinárias. É um objetivo a que a formulação das distinções doutrinárias deve servir, no mesmo sentido em que o direito e as formas jurídicas devem servir à democracia. Se a jurisprudência do STF cristaliza um problema de potencial parcialidade do controle da regularidade do processo eleitoral, ela precisa ser urgentemente reformada.

Notas

1. Isso não exclui, é claro, a possibilidade de essa instituição ser parcial com relação a outros atores relevantes para o processo eleitoral — por exemplo, com relação à comunidade profissional de advogados eleitorais. Há críticas nesse sentido no caso do TSE, como discute Silvana Batini em seu texto neste volume.
2. A resolução pode ser encontrada em: <http://www.tse.jus.br/eleicoes/eleicoes-2014/normas-e-documentacoes/resolucao-no-23.404>. Acesso em 15/02/2015.
3. Para uma discussão desses problemas, ver o ensaio de Silvio Meira neste livro. Mais informações podem ser também encontradas na entrevista de Diego Aranha ao blog *Conexão Eleitoral*: <http://politica.estadao.com.br/blogs/conexao-eleitoral/voce-fiscal-uma-ferramenta-para-conferencia-paralela-da-votacao/>. Acesso em 15/02/2015.
4. Outro exemplo desse problema, mas fora do TSE, pode ser encontrado na entrevista do ministro Marco Aurélio à revista *Veja*, em 16 de fevereiro de 2014. Quando perguntado sobre os prós e contras da TV Justiça, o ministro — que idealizou o canal e a transmissão televisiva das sessões — afirmou: "Tenho de defender a filha bonita: foi em minha gestão na presidência do Supremo que a TV foi criada."
5. Ver §3º, do artigo 121 da Constituição.
6. Embora a tendência na última década seja mais restritiva, o Supremo Tribunal Federal tradicionalmente possui um grande número de "portas de acesso" — instrumentos processuais pelos quais diferentes partes, em diferentes contextos judiciais e não judiciais, podem provocar a atuação do STF sobre um determinado conflito. Ver, nesse sentido, o primeiro relatório do projeto Supremo em Números, in: FALCÃO, Joaquim; CERDEIRA, Pablo de Camargo; ARGUELHES, Diego Werneck. "O múltiplo Supremo" (2011). Mais informações sobre o projeto podem

ser encontradas em <http://www.supremoemnumeros.com.br>, onde estão disponíveis todos os relatórios para consulta.
7. Agradeço a Ivar Hartmann a extração e organização desses dados.
8. Cf. TAYLOR, Matthew. *Judging Policy: Courts and Policy Reform in Democratic Brazil*. Stanford: Stanford University Press, 2008.
9. "Senhor presidente, eu vou pedir vênia, porque o meu voto é muito rápido. Eu acompanho o ministro Gilmar Mendes, julgando improcedentes todas as ações, declarando constitucionais a lei complementar e a resolução do TSE e inconstitucional o decreto legislativo do Senado. É como voto, senhor presidente."
10. O Senhor Ministro Dias Toffoli: "Como presidente do Tribunal Superior Eleitoral, eu tenho que alertar esta Corte sobre as consequências do que está a decidir." E, ao falar da modulação de efeitos, o ministro Toffoli observou: "Eu faço um apelo, como presidente do Tribunal Superior Eleitoral, para que esta Corte seja consequente."
11. A Senhora Ministra Cármen Lúcia: "Senhor presidente, eu serei extremamente breve, até porque já votei sobre a matéria no Tribunal Superior Eleitoral, acompanhando no sentido da declaração de inconstitucionalidade da resolução, na esteira do voto — parece-me — da ministra Rosa Weber na sua relatoria. Então, estou também votando no sentido da declaração de inconstitucionalidade." [...] "E quem é presidente do Tribunal Superior Eleitoral — e por isso que eu digo, porque vários de nós fomos, aqui —, é desesperador você ter uma eleição com prazo certo, não dependente de cada um de nós, mas, se der errado, vai ser imputado a que a Justiça não está funcionando. Essa é a razão pela qual também eu tal como o ministro Lewandowski, votei pela inconstitucionalidade. Votei lá na sessão administrativa, como o ministro Marco Aurélio, pela inconstitucionalidade, questionei a relatora naquela ocasião. Votei aqui pela inconstitucionalidade, mas, tendo tido a experiência que tive lá, sei que tudo parece, neste mundo, poder ser adiado, até a vida e a morte, menos a data de eleição no Brasil, e que não é só o 5 de outubro ou 7 de outubro, é todo o encadeamento de atos que não depende do Tribunal Superior Eleitoral, mas que cai no colo do Tribunal Superior Eleitoral."
12. "Reitero — e lamento não estar presente a ex-presidente do Tribunal Superior Eleitoral, ministra Cármen Lúcia, que votou também nesse sentido no Tribunal Superior Eleitoral —, o que tive a oportunidade de sustentar no Tribunal. Em vez de o que chamei de dança das cadeiras vir, como impõe o § 1º do artigo 45 da Constituição Federal, por lei complementar, acabou sendo introduzida, no cenário jurídico, por simples deliberação administrativa do Tribunal Superior Eleitoral. Por isso, concluo pela procedência do pedido formalizado, reconhecendo a pecha de inconstitucionalidade."

13. As causas de impedimento e suspeição estão listadas de forma exaustiva nos artigos 134 e 135 do Código de Processo Civil, respectivamente. O parágrafo único do artigo 135 prevê a possibilidade de o juiz se declarar suspeito "por motivo íntimo", e o 137 determina que "aplicam-se os motivos de impedimento e suspeição aos juízes de todos os tribunais".
14. Ver REGLA, Joseph Aguiló. "Independencia y imparcialdad de los jueces y argumentación jurídica", *Isonomía*: Revista de Teoría y Filosofía del Derecho, n. 6, abril de 1997.
15. Ver artigo 135, parágrafo único do Código de Processo Civil.

7. Impedimento do membro do tribunal eleitoral oriundo da advocacia para causas envolvendo clientes e ex-clientes
Silvana Batini Cesar Góes

Por determinação constitucional, a composição dos tribunais eleitorais — seja dos TREs, seja do TSE — é mista, dela constando quatro advogados de notório saber jurídico, sendo dois titulares e dois suplentes (Constituição, arts. 119 e 120). Estes juízes advogados ascendem ao cargo por nomeação da Presidência da República e, a exemplo dos demais membros oriundos da magistratura, permanecem no cargo para um mandato de dois anos, prorrogáveis por mais dois (Constituição, art. 121, § 2º).

Há uma peculiaridade neste quadro: o advogado não perde sua condição ao ser nomeado membro de uma corte eleitoral nem fica impedido de continuar advogando na pendência da jurisdição eleitoral, desde que não o faça, por óbvio, perante o órgão em que funcione. A questão já foi, inclusive, decidida pelo Supremo Tribunal Federal na ADIn 1.127, quando, apreciando dispositivos da Lei 8.906/94, deliberou expressamente sobre esta possibilidade.

Assim, não é de todo incomum que aportem nas cortes eleitorais processos envolvendo partes que já foram patrocinadas em outras demandas pelo membro advogado ou por seu escritório, seja em matéria estritamente eleitoral, seja em questões alheias ao tema. Pela legislação atual, nada impede que este juiz/advogado funcione, como relator ou vogal, no julgamento da causa eleitoral, embora a circunstância afete flagrantemente a imparcialidade aparente do magistrado. É preciso, pois, que a lei tipifique esta causa de suspeição, a bem da boa administração da justiça, bastando, para isto, uma pontual alteração na lei.

A Lei das Eleições em vigor trata da questão da suspeição e impedimento do magistrado em dois momentos: o artigo 20 do Código Eleitoral (CE) e o artigo 95 da Lei 9.504/97 (LE). O primeiro dispositivo faz alusão expressa às causas de suspeição e impedimento da lei processual civil, acrescendo a estas hipóteses a suspeição por "parcialidade partidária". Já o artigo 95 da Lei das Eleições dispõe que "ao Juiz Eleitoral que seja parte em ações judiciais que envolvam determinado candidato é defeso exercer suas funções em processo eleitoral no qual o mesmo candidato seja interessado".

Nenhum dos dois dispositivos da Lei das Eleições se refere ao problema do juiz/advogado. A parcialidade partidária, conquanto expressão imprecisa, não abrange a relação profissional entre advogado e cliente que, obviamente, mesmo que se trate de advogados eleitoralistas, subsiste para além das simpatias partidárias. Já o segundo artigo mencionado é ainda mais específico e envolve a condição de ser o juiz *parte* em processo diverso que envolva o candidato.

A menção expressa à legislação processual civil tampouco soluciona o problema, mesmo porque as causas gerais de suspeição ou impedimento de magistrado não contemplam a circunstância especialíssima da Justiça Eleitoral, que tem magistrados que são, simultaneamente, advogados. Entre as causas de impedimento e suspeição hoje vigentes e que guardam longínqua relação com o problema de que estamos tratando, destaca-se aquela que afasta o juiz apenas do processo específico em que tenha atuado como mandatário da parte (Código de Processo Civil, art. 134, II).

A regra não alcança o juiz/advogado eleitoral, porque se restringe a uma circunstância rara de fazer coincidir *no mesmo processo* a função jurisdicional com uma condição pretérita de mandatário da parte.

O Código de Processo Penal, aplicável pontualmente na seara eleitoral por força da competência criminal desta, prevê uma causa de suspeição que se aproxima do tema, em seu artigo 254, IV, ao dispor que o juiz "dar-se-á por suspeito, e, se não o fizer, poderá ser recusado por qualquer das partes [...] IV — se tiver aconselhado qualquer das partes".

Tampouco esse dispositivo basta. Primeiro, porque a aplicação da lei processual penal em matéria eleitoral não tem aceitação pacífica na doutrina e tradicionalmente só é consentida nas questões criminais — crimes eleitorais em sentido estrito. Em segundo lugar, a ideia de "aconselhamento" não esgota as relações entre advogado e cliente, as quais podem existir em dimensão diversa e mais complexa do que a previsão simples deste artigo.

O novo Código de Processo Civil (NCPC) aproxima-se da delicada relação entre jurisdição e exercício da advocacia, criando uma nova causa de impedimento em seu artigo 144, que veda ao juiz suas funções no processo "em que figure como parte cliente do escritório de advocacia de seu cônjuge, companheiro ou parente, consanguíneo ou afim, em linha reta ou colateral, até o terceiro grau, inclusive" (Novo Código Processo Civil, art. 144, VIII). O novo dispositivo, que ainda não entrou em vigor, traz consigo muitas dúvidas e certamente gerará controvérsias. Algumas já se anteveem facilmente: os demais sócios do escritório e que não sejam parentes do novel magistrado não estarão sendo alcançados indevidamente por um gravame? Se o advogado se desligar do escritório antes da sua nomeação à magistratura, estará liberado? Qual a antecedência mínima?

De toda sorte, a nova barreira ética imposta pelo NCPC tampouco atende à necessidade específica da Justiça Eleitoral. Está óbvio que foi concebida para a situação trivial do advogado que abre mão dessa função para se tornar magistrado, enquanto seus familiares permanecem na atividade. A questão da Justiça Eleitoral é mais séria, porque é única no direito brasileiro. Aqui se trata de magistrados que estão autorizados a continuar advogando.

A cautela e o zelo pela transparência recomendarão sempre que o juiz recuse a causa em que figure como parte um cliente ou ex-cliente seu ou de seu escritório. Mas as necessidades de legitimidade da justiça devem fazer com que esta barreira não dependa apenas da consciência do magistrado, mas esteja também à disposição das partes para invocá-la quando se sentirem prejudicadas. Daí a necessidade de previsão legal expressa.

Advogados são depositários de segredos. A relação entre advogado e cliente depende de confiança e muitas vezes impõe o afastamento de juízos críticos por parte daqueles. O advogado não pode se tornar juiz daquele sobre quem reuniu informações tão privilegiadas. São circunstâncias incompatíveis com uma magistratura que necessita, para sua credibilidade, da imparcialidade ostensiva como valor.

Há mais. A nomeação do advogado como membro de corte eleitoral pressupõe notório saber jurídico (Constituição, arts. 119, II, e 120, III). Ainda que a natureza deste saber não esteja discriminada, é bastante comum que as nomeações se façam entre advogados especializados na matéria eleitoral e, portanto, com atividade profissional nesta área. Nada mais natural que o profissional experiente seja buscado para a função. Se de um lado é esta experiência que se almeja para uma justiça tão especializada como a eleitoral, a circunstância acaba por acentuar as coincidências indesejáveis. Advogados que atuaram em nome de partidos, candidatos ou coligações em um pleito acabam compondo a corte em pleitos seguintes e julgando causas daqueles mesmos partidos, candidatos e eventuais coligações. E não há nada na lei que impeça esta situação.

Ocorre que o contencioso eleitoral está cada vez mais intenso e a atividade de representação judicial das candidaturas faz do advogado quase um militante da campanha. O advogado, entre outras coisas, conhece estratégias de propaganda e orienta decisões sobre temas muito delicados, como financiamento e prestação de contas. Não se pode ter como ideia razoável que venha a se tornar juiz em feitos futuros que envolvam interesses do mesmo partido ou do mesmo político. Suas decisões, por mais justas que venham a ser, carregarão sempre baixo grau de adesão.

As ações eleitorais podem ser simples e de cunho essencialmente administrativo, como a propaganda irregular nas ruas, como pode envolver questões mais sérias e complexas, como a liberdade de expressão, a cassação de mandatos e as inelegibilidades. Para todas elas é preciso garantir um julgamento isento, e às partes, o poder de questioná-lo. Advogados que acumulam a função de magistrados detêm conhecimento técnico para enfrentar estas questões, mas a simultaneidade das funções impõe uma separação mais drástica destes papéis.

O impedimento do juiz advogado para causas que envolvam clientes ou ex-clientes seus, ou de seus escritórios, é pressuposto de legitimidade das decisões da Justiça Eleitoral. Especialmente em um contexto de intensa judicialização do processo eleitoral como o que estamos vivenciando no Brasil da última década.

O impasse pode ser solucionado de forma razoavelmente simples, com a tipificação desta circunstância, seja alterando-se o artigo 20 do Código Eleitoral, seja criando-se nova causa no artigo 95 da Lei 9.504, embora, a nosso sentir, a primeira opção seja a mais razoável, já que se refere expressamente ao tema da suspeição. O baixo grau de sistematização da legislação eleitoral — outra questão a ser enfrentada pelo Legislativo — ainda permite que temas conexos sejam tratados em diplomas diferentes.

8. Doação ou investimento?
Alternativas ao financiamento desigual de campanhas eleitorais*
Michael Freitas Mohallem

Introdução

A eleição presidencial de 2014 será lembrada como uma das mais disputadas de todos os tempos. Mas se a corrida pelo voto foi vigorosa, o mesmo não se pode dizer da mais importante disputa nos bastidores das eleições: a viabilização financeira das campanhas.

A arrecadação total das candidaturas presidenciais que disputaram o segundo turno em 2014 superou 800 milhões de reais, quase duas vezes o valor obtido em 2010, e aproximadamente dez vezes o arrecadado em 2002. Esse vertiginoso aumento dos recursos disponíveis para campanhas não se deve à inovação legislativa específica ou impulso cívico da sociedade brasileira. Vimos, isso sim, a consolidação da influência do poder econômico na vida de partidos políticos, parlamentares e governos.

Além da distorção da participação de empresas nas eleições, as manchetes de jornais nos alertam a cada ciclo político que o modelo de fi-

---

*Versão modificada deste artigo foi publicada em MOHALLEM, Michael; COSTA, Gustavo. "Crowdfunding e o futuro do financiamento eleitoral no Brasil". *Revista Estudos Eleitorais*, vol. 10, nº 2, maio/ago. 2015.

nanciamento eleitoral adotado pelo Brasil favorece a aproximação pouco republicana entre agentes políticos e empresas com interesses econômicos diretos sobre a atuação do Estado. Desde o esquema dos "Anões do Orçamento", em 1993, até a recente "Operação Lava Jato", diversos casos de corrupção têm em algum momento de seus enredos o aperto de mão entre doador e candidato.[1]

Assim, o propósito deste capítulo é argumentar que o modelo de financiamento eleitoral existente no país afeta a igualdade de condições da disputa entre candidatos. Ele é, em parte, responsável por uma democracia distorcida e vem servindo como antessala do poder para grupos econômicos. Aparentemente sua inviabilidade já foi percebida pelo Supremo Tribunal Federal (STF), por grupos relevantes no Congresso Nacional e por setores importantes da sociedade que pressionam por uma nova experiência legislativa, como se discutirá em seguida.

A profundidade e o rumo da reforma que se aguarda ainda estão indefinidos e são objeto de debates no Congresso Nacional enquanto estas linhas são escritas. Como modesta contribuição ao momento de reflexão e debate, aqui serão apresentadas alternativas capazes de responder aos diferentes aspectos jurídicos que permitem a desproporcional participação de pessoas jurídicas de direito privado e de pessoas físicas de maior capacidade econômica na formação da vontade política brasileira.

A primeira parte deste trabalho busca demonstrar o crescimento desproporcional das doações de campanhas presidenciais em relação à expansão do eleitorado. Discutem-se também os impactos de recursos excessivos e da concentração das doações para campanhas eleitorais provenientes de empresas. A segunda parte apresenta alternativas ao modelo de financiamento atual. A discussão é feita tendo em vista tanto a possibilidade de que seja confirmada pelo STF a vedação de participação financeira de pessoas jurídicas de direito privado nas campanhas eleitorais, quanto à hipótese de manutenção da interpretação vigente.

DOAÇÃO OU INVESTIMENTO?

Financiamento de campanhas eleitorais e igualdade política

Democracia e dinheiro coexistem sob tensão quando o assunto é campanha eleitoral. Ainda que a realização da democracia em contextos atuais dependa de vultosos recursos financeiros, seu uso excessivo ou desigual arrisca corroê-la. O princípio de que os indivíduos são igualmente partícipes do processo de construção da política depende de que suas capacidades de controle e influência sejam também equivalentes. Mas o acesso desigual a recursos financeiros durante a disputa eleitoral permite o surgimento de espaços privilegiados de acesso ao poder.

A análise da arrecadação das campanhas presidenciais nas últimas quatro eleições evidencia o crescimento do volume de recursos disponíveis às campanhas que chegaram ao segundo turno da disputa bem como a escalada do custo de cada voto. É possível verificar, em tempos recentes, que a ampliação do dinheiro disponível para as campanhas eleitorais brasileiras tornou extremamente difícil a tarefa de eleger-se sem acesso a tais recursos privados. Nesse contexto, o dinheiro passa a ser a maior ameaça à democracia.[2]

O custo crescente das eleições presidenciais no Brasil

Construir por alguns meses uma campanha eleitoral capaz de se comunicar com todos os eleitores de um país com as dimensões do Brasil é seguramente muito caro. Como, aliás, é naturalmente custoso manter um regime democrático com tantas lideranças locais e um número elevadíssimo de municípios. Mas alguns elementos fazem com que as campanhas políticas no Brasil sejam comparativamente caras.

Para David Samuels, há três fatores principais a que se pode atribuir o encarecimento do processo eleitoral no Brasil. Primeiramente, o sistema proporcional de lista aberta obriga que candidatos às casas legislativas busquem estratégias individualistas, pois "devem competir tanto contra seus colegas de partido como contra os candidatos dos partidos adversários".[3]

Uma segunda razão é a competitividade crescente da disputa eleitoral após a redemocratização. A quantidade de candidatos aumentou expressivamente, o que os força a gastar mais, de modo a se diferenciar de seus concorrentes. Partidos também promovem candidaturas ao Legislativo e Executivo que sabidamente terão dificuldades de serem eleitas apenas para agregar votos à legenda no sistema proporcional ou fortalecer estrategicamente o partido na disputa do Executivo com a perspectiva de composição da base do governo.

O terceiro fator sistêmico — e que afeta diretamente as disputas presidenciais — é a baixa capacidade de construção programática e ideológica dos partidos. Como consequência, as campanhas ficam obrigadas a narrar a vida, construir a imagem e convencer o eleitor sobre as ideias do candidato. Fossem os partidos instituições cujas linhas de pensamento e atuação estivessem no imaginário de eleitores, a campanha poderia ser simplificada.

Porém, paradoxalmente, a principal razão para que as campanhas presidenciais no Brasil sejam tão caras é justamente a facilidade de obtenção de recursos financeiros.[4] Não se trata, como seria de esperar, de elevada demanda por ampliação do alcance das campanhas eleitorais a pressionar as máquinas partidárias a buscar incessantemente mais e mais ativos. Não. Os partidos políticos e suas lideranças nacionais não têm dificuldades de angariar recursos com empresas privadas. Há nessa relação uma espécie de consortismo que resulta na acomodação dos partidos em decorrência da existência abundante de recursos e, da parte das empresas, o estabelecimento conveniente de canais de acesso ao poder.

Em pouco mais de uma década, a afluência de doações de pessoas jurídicas às candidaturas presidenciais se ampliou por dez vezes e nada indica que essa tendência será revertida sem a interrupção da relação de interesse recíproco que a mantém.[5]

DOAÇÃO OU INVESTIMENTO?

Gráfico 1 — Doações ao PT e PSDB nas eleições presidenciais (em reais)

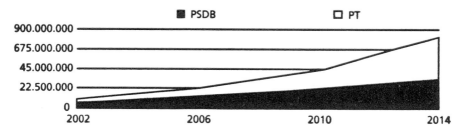

Fonte: Tribunal Superior Eleitoral (TSE) e Projeto Às Claras. Disponível em <http://www.asclaras.org.br>. Acesso em 12/02/2015.

Tabela 1 — Doações nas campanhas presidenciais do PT e PSDB (2002-2014)

Partidos	2002	2006	2010	2014
PSDB	R$ 56.460.523,60	R$ 141.228.521,22	R$ 214.109.807,94	R$ 331.135.931,93
PT	R$ 32.407.233,56	R$ 81.976.296,69	R$ 215.090.432,54	R$ 483.309.784,41

Fonte: Tribunal Superior Eleitoral (TSE) e Projeto Às Claras. Disponível em: <http://www.asclaras.org.br>. Acesso em 12/02/2015.

Embora o número de eleitores tenha crescido neste período, não foi essa a causa principal da ampliação das receitas das campanhas.[6] Quando analisado isoladamente o custo de cada voto, que considera a proporção entre eleitores e os valores gastos, verifica-se um aumento de 200% no período. Em 2002, considerando-se os dois turnos da votação presidencial, cada voto no então candidato do PT, Luiz Inácio Lula da Silva, custou R$ 0,73, passando a custar R$ 4,97 em 2014 para a candidata eleita Dilma Rousseff.

Gráfico 2 — Custo unitário do voto por candidato do PT e do PSDB nas eleições presidenciais (em reais)

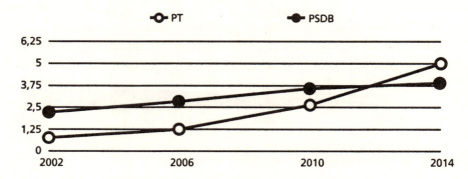

Fonte: Tribunal Superior Eleitoral (TSE) e Projeto Às Claras. Disponível em <http://www.asclaras.org.br>. Acesso em 12/02/2015.

Tabela 2 — Custo médio do voto nas eleições presidenciais nos dois turnos 2002-2014

Partidos	2002	2006	2010	2014
PT	0,73	20	2,65	4,97
PSDB	2,22	2,79	3,54	3,87

Fonte: Tribunal Superior Eleitoral (TSE) e Projeto Às Claras. Disponível em: <http://www.asclaras.org.br>. Acesso em 12/02/2015.

O impacto do financiamento desigual em campanhas eleitorais

Mas afinal, campanhas mais baratas são melhores para o processo eleitoral? Inegavelmente o financiamento das atividades partidárias e das campanhas eleitorais são essenciais para o debate de ideias. O problema da elevação desmesurada dos custos eleitorais é a ameaça à igualdade entre os candidatos, seus grupos políticos e, no limite, às ideias que representam. Para Kofi A. Annan, ex-secretário-geral da Organização das Nações Unidas (ONU), o crescimento explosivo nos gastos de campanhas alimenta a percepção de que a riqueza compra influência política e ameaça a equidade partidária [...]. Essa ausência de condições equivalentes de concorrência inibe a participação e representação igualitárias de todos os cidadãos nos processos políticos [...]. É bastante claro que existe uma necessidade urgente de controlar melhor as finanças políticas. Os governos deveriam regular de forma efetiva as doações e os gastos.[7]

A relação entre capacidade econômica e sucesso eleitoral é direta. Invariavelmente, os candidatos eleitos "receberam várias vezes o valor médio dos demais concorrentes. Esse é um padrão constatado em todos os estados e em relação a todos os cargos".[8]

Além do impacto nas condições da disputa política, o excesso de dinheiro no processo eleitoral deixa representantes menos suscetíveis às pressões populares e pouco motivados a observar correspondência entre atuação política e expectativas gerais dos eleitores. O conjunto de parlamentares conhecido como a bancada ruralista, por exemplo, já é considerado o mais influente do Congresso brasileiro, ainda que suas principais bandeiras, como o perdão às dívidas de agricultores e a expansão de terras cultiváveis no país, estejam distantes das prioridades da massa urbana de eleitores. A capacidade de financiamento dos parlamentares que representam interesses ruralistas é responsável por sua sobrerrepresentatividade.

A distorção de representatividade se inicia durante as campanhas eleitorais, no momento da formação dos caixas de campanha. A participação das empresas privadas predomina na composição dos fundos de campanha de partidos e candidatos. No caso das campanhas presidenciais essa tendência é ainda mais acentuada, de modo que as contribuições de pessoas físicas representam parte mínima do total. Nas eleições de 2014, a candidata vencedora recebeu de pessoas físicas apenas 0,6% do total arrecadado, enquanto o segundo colocado obteve nada mais do que 3,8%.

Gráfico 3 — Origem das arrecadações nas
eleições presidenciais de 2014 (PT e PSDB)

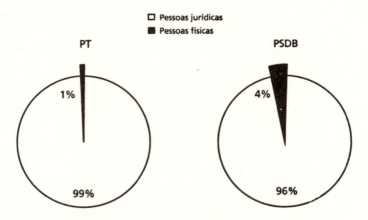

Fonte: Tribunal Superior Eleitoral – Estatísticas das Eleições de 2014. Disponível em
<http://www.tse.jus.br/eleicoes/estatisticas/estatisticas-eleitorais-2014.>.
Acesso em 12de maio de2015.

Tabela 3 — Doações em reais para a campanha presidencial em 2014 (por origem)

	PT	PSDB
Total	R$ 486.333.811,4	R$ 331.135.931,93
Pessoas jurídicas	R$ 483.309.784,41	R$ 318.056.862,65
%	99,4%	96,1%
Pessoas físicas	R$ 3.024.027,00	R$ 12.578.969,28
%	0,6%	3,8%

Fonte: Tribunal Superior Eleitoral — Estatísticas Eleitorais das Eleições de 2014. Disponível em: <http://www.tse.jus.br/eleicoes/estatisticas/estatisticas-eleitorais-2014>. Acesso em 12/5/2015.

As campanhas presidenciais no Brasil se tornaram excessivamente caras e foram capturadas por recursos de pessoas jurídicas de direito privado. Ademais, a concentração também se dá dentre as empresas: as campanhas são financiadas "por poucos atores, e as empresas são responsáveis por mais da metade do volume dos recursos, provenientes de um grupo muito restrito de doadores. Enquanto alguns pesos pesados contribuem com milhões, outros ficam na faixa de algumas centenas até R$ 10 mil".[9]

Estudos também sugerem que as doações por empresas, em vez de serem orientadas por preferências ideológicas de seus controladores, têm motivações semelhantes a investimentos financeiros. O projeto Política Aberta relaciona doações de campanhas com contratos firmados com a União.[10] Como exemplo, a maior doadora da campanha de 2012, a construtora Andrade Gutierrez, contribuiu com aproximadamente 81 milhões de reais pagos em doações para campanhas e obteve no mesmo ano 99 milhões de reais em contratos.[11] Da mesma forma, a pesquisa produzida pelo Kellogg Institute for International Studies indica que "empresas doadoras em campanhas eleitorais recebem, nos 33 primeiros meses após a eleição, o equivalente a, pelo menos, 850% do valor doado em contratos celebrados com o Poder Público".[12]

É importante ressaltar que tais contratos com o Poder Público podem não ser resultado de arranjos ilegais entre empresas e governos ou suas empresas públicas e de economia mista — embora as recentes declarações de empresários e lobistas detidos na "Operação Lava Jato" descrevam sólidos cartéis atuantes há muitos anos.[13]

A influência do financiamento privado em campanhas se dá também — e quiçá especialmente — no plano da elaboração das prioridades políticas. A garantia de que certos tipos de obras públicas serão licitadas já é promessa suficiente para que grandes empreiteiras doem ou invistam em candidatos que as levarão adiante. A discutível prioridade dada às megaobras dos últimos anos, como a transposição do rio São Francisco, Rodoanel Mário Covas (SP), Usina de Belo Monte, estádios novos para a Copa do Mundo, dentre outras, fecha harmonicamente o ciclo da conveniente relação entre doadores e candidatos.

Alternativas ao predomínio do financiamento eleitoral por empresas

A mudança do sistema de financiamento de campanhas é das mais urgentes etapas dentre as propostas de reforma política em debate no Congresso Nacional. A prioridade ao tema foi inclusive determinada pelo relator da comissão especial da reforma política, deputado Marcelo Castro (PMDB-PI) no início de seus trabalhos em 2015.[14] Entretanto, o tema está envolto em incertezas jurídicas e políticas.

Ao mesmo tempo que há aparente disposição de parlamentares em debater o futuro do financiamento eleitoral, a proibição de doações por empresas é o pleito de uma Ação Direta de Inconstitucionalidade (ADIn 4.650) proposta pela Ordem dos Advogados do Brasil (OAB). Embora já exista maioria formada no STF com o entendimento de que a Constituição não autoriza empresas a participarem do processo político-eleitoral por meio de doações, a ação foi suspensa pelo pedido de vistas do ministro Gilmar Mendes.

Diante da incerteza do que seria mais uma decisão do STF com profundo impacto na organização da política, resta-nos apresentar as perspectivas e possibilidades em ambos os cenários — a confirmação pelo STF de que empresas são proibidas de doar para campanhas ou a manutenção da interpretação vigente, que se pode confirmar tanto pela mudança dos rumos da ADIn 4.650 quanto por decisão do Congresso de emendar a Constituição com entendimento diverso.

A proibição de doações por empresas privadas

A se confirmar o entendimento até agora majoritário do STF, empresas serão banidas do processo eleitoral. Note-se que não seria o fim do financiamento privado de campanhas, mas a restrição dos recursos oriundos, no campo privado, de pessoas jurídicas. Acerta a OAB ao identificar que a participação privada de pessoas físicas, desde que linearmente limitada, pode contribuir com a democracia ao permitir que indivíduos manifestem comprometimento político também através da viabilização financeira de partidos e candidatos.

A interpretação proposta pela OAB — e até o momento acolhida pelo STF — entende que a influência do poder econômico no processo político através do financiamento eleitoral transgride os princípios constitucionais da democracia, da igualdade, da República e da proporcionalidade — artigos 1º, cabeça e parágrafo único; 3º, incisos I e IV; e 5º, cabeça, da Constituição. Segundo o voto do ministro Marco Aurélio Mello na ADIn 4.650,

> A participação política no Brasil, considerado o estágio atual de desigualdade de forças socioeconômicas, apenas pode ser elevada, do ponto de vista tanto quantitativo como qualitativo, se for limitada acentuadamente a participação daqueles que buscam cooptar o processo eleitoral por meio do "dinheiro". A comunidade jurídica nacional não pode acreditar no patrocínio desinteressado das pessoas jurídicas, ao contrário, deve evitar que a riqueza tenha o controle do processo eleitoral em detrimento dos valores constitucionais compartilhados pela sociedade. A pretensão formulada nesta ação mostra-se, a mais não poder, passo largo e indispensável para colocar um fim no monopólio financeiro das empresas e grandes corporações sobre as eleições e alcançar-se a equidade do processo eleitoral exigida pela Constituição de 1988.

Como se nota, tal interpretação produziria profundo impacto no sistema eleitoral, obrigando o Congresso a legislar e os partidos a inovarem. Tomando-se como exemplo as campanhas presidenciais, a retirada súbita de 98% dos recursos disponíveis inviabilizaria o processo eleitoral, a não ser que novas fontes substituam, ainda que parcialmente, a lacuna que seria aberta.

Duas alternativas sobressaem-se caso seja essa a direção a ser seguida: a ampliação da participação de recursos públicos para as campanhas e a transformação criativa dos meios de contribuição de pessoas físicas.

Financiamento coletivo como nova dimensão da participação de pessoas físicas

A Lei das Eleições (9.504/97) prevê a possibilidade de que os recursos das campanhas eleitorais provenham da cota respectiva do Fundo Partidário por intermédio de seus comitês nacionais, de recursos próprios, doações de outras candidaturas ou então de doações de pessoas físicas ou jurídicas.

Como vimos, a participação de pessoas físicas nas campanhas presidenciais é mínima e há inúmeros fatores para que seja assim. Mas o principal deles parece ser a ausência da necessidade de buscar recursos diretamente com os eleitores. A captação direta com pessoas físicas requer estratégia e criatividade para convencer centenas de milhares de eleitores a doarem pequenos valores. A internet tornou a parte logística dessa tarefa mais simples, porém, resta aos partidos transformar o discurso político em motivação e compromisso financeiro (ainda que pequeno) de seus eleitores.

O caminho da arrecadação de pessoas físicas traz mais benefícios do que apenas o dinheiro. Eleitores que doam tornam-se parte da campanha. O sucesso ou fracasso passam a ter relação direta com o indivíduo, cujo comprometimento tende a ser maior. O passo da doação também é precedido de esclarecimentos. Tal como o consumidor atual que busca referências e comparações antes do clique final da compra, aquele que doa para um candidato ou partido provavelmente antecipa sua decisão de voto no momento da doação por meio de informação, referências e ideologia.

Essa já é a realidade em muitos países. O exemplo mais notável do poder da arrecadação pulverizada de recursos políticos se deu nos Estados Unidos durante as duas últimas eleições presidenciais (2008 e 2012). Barack Obama venceu ambas tendo como principal destaque exatamente a capacidade de angariar pequenas contribuições pela internet. Mas essa não é exclusividade da campanha de Obama. Seu adversário em 2012, Mitt Romney, também teve razoável desempenho com pequenos doadores (até 200 dólares), obtendo quase 80 milhões de dólares contra 233 milhões arrecadados por Obama.[15]

O caso dos Estados Unidos é uma referência importante, pois pessoas jurídicas são impedidas de doar diretamente para as campanhas, o que pode se tornar o caso brasileiro. A lei norte-americana, porém, prevê a possibilidade de que candidatos recebam doações relativamente pequenas de empresas através dos Political Action Committees (PAC), autorizados a repassar até 5 mil dólares para candidatos ou 15 mil dólares para os comitês nacionais. Existe também o Super PAC que pode angariar recursos de pessoas físicas e jurídicas, mas não pode doar diretamente aos candidatos ou partidos, embora possa fazer gastos independentes nas eleições defendendo ou atacando candidaturas.[16]

Mesmo se considerarmos os chamados gastos "independentes" ou "externos" nas campanhas presidenciais dos Estados Unidos, a proporção da arrecadação de pessoas físicas supera a de pessoas jurídicas.[17] O caso dos Estados Unidos exemplifica bem o potencial das doações pessoais. Ainda que empresas possam doar ilimitadamente através dos comitês independentes, as campanhas mobilizam-se para conquistar o coração e o bolso dos eleitores.

Gráfico 4 — Financiamento individual na eleição presidencial de 2012 nos EUA (em dólares)

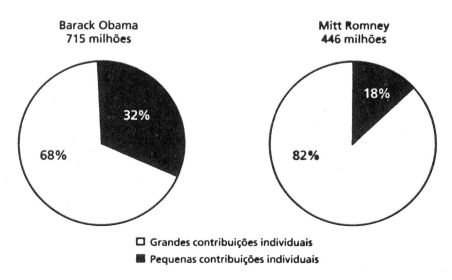

Fonte: The Center for Responsive Politics. Disponível em <http://www.opensecrets.org/pacfaq.php>. Acesso em 12/02/2015.

Esse é um promissor caminho ainda subexplorado por partidos brasileiros. Desde 2009, emenda à Lei das Eleições (9.504/97) permite que os candidatos e partidos arrecadem pela internet, desde que o doador seja identificado e o recibo seja emitido.[18] A norma, portanto, já permite que partidos sejam criativos e busquem essa nova fronteira para as campanhas eleitorais.

Entretanto, há ainda um elemento a dificultar o caminho do financiamento coletivo pela internet. Não é, certamente, um impedimento, mas os legisladores podem facilitar essa via com a explicitação na lei da possibilidade de uso de plataformas de *crowdfunding* — páginas de financiamento coletivo — externas aos sites de campanha.

Em maio de 2014, o Plenário do TSE decidiu que partidos e candidatos não podem arrecadar recursos de campanha por meio de *crowdfunding*. A consulta apresentada pelo deputado federal Jean Wyllys (PSol-RJ) buscava não apenas esclarecer se havia a possibilidade de que site terceiro intermediasse a arrecadação mas também como se daria o cumprimento das formalidades legais quando a arrecadação fosse feita desta forma.[19] Em decisão unânime, o TSE rejeitou essa possibilidade conforme voto do relator, ministro Henrique Neves da Silva.

O tribunal fundamentou a decisão no art. 23, §4º, inciso III, da Lei das Eleições, que permite doações de pessoas físicas para campanhas desde que efetuadas na conta da campanha e, quando recebidas pela internet, o seja por meio de "mecanismo disponível em sítio do candidato, partido ou coligação na internet, permitindo inclusive o uso de cartão de crédito". Para que seja válida, a doação deve identificar o doador e deve haver emissão de recibo eleitoral para cada doação realizada. Segundo o ministro relator, a legislação "não admite intermediários, que inclusive seriam remunerados por isso". Ademais, afirmou que a doação eleitoral "é algo que ocorre entre eleitor e candidato".[20]

Da expressão "mecanismo disponível em sítio do candidato, partido ou coligação" poderiam ser suprimidos, portanto, os termos "do candidato, partido ou coligação", de modo que plataformas de *crowdfunding* e iniciativas de grupos de apoio às candidaturas pudessem intermediar doações de pessoas físicas. Não há qualquer necessidade de que o mecanismo de arrecadação seja exclusivamente hospedado no site do candidato, desde que as informações relevantes para evitar fraude sejam posteriormente transferidas para as candidaturas, como a identificação do doador e certificação da origem do pagamento. Da mesma forma, o recibo individual se seguiria no momento da transferência dos recursos para a campanha.

A visão restritiva da lei deve se adaptar em certa medida à cultura de uso da internet. As possibilidades de apresentação de uma campanha política e a busca por doações fora dos sites engessados da maior parte das campanhas ampliariam os horizontes e perspectivas dos candidatos. Muitas ferramentas de financiamento coletivo são integradas com redes sociais, possuem mecanismos de compartilhamento facilitados e, principalmente, dão aos usuários a possibilidade de customização. É seguramente mais convincente uma mensagem de pessoa conhecida, explicitando razões pessoais de apoio político, do que um site com textos padronizados solicitando recursos impessoalmente.

A lei deveria ver nessa mais do que uma ferramenta de arrecadação, mas também uma oportunidade de fomentar o engajamento político. De toda sorte, vale lembrar que essa seria inovação legislativa democrática e bem-vinda em qualquer cenário, notadamente se as campanhas necessitarem ampliar suas fontes de arrecadação na hipótese de o STF proibir doações de empresas.

Os desafios do financiamento público

Sempre houve muito apelo no Congresso Nacional para a adoção da tese do financiamento público exclusivo de campanhas — ou ao menos sua elevação — como forma de garantir igualdade de condições na disputa eleitoral e ao mesmo tempo evitar as consequências da aproximação interessada do poder econômico com as campanhas políticas.

Segundo essa visão, "sem um financiamento amplamente público das candidaturas, essas tenderão a ser reféns dos grupos de interesse que as apoiem. O custo social pode ser maior do que a economia no gasto público resultante do financiamento privado. Grupos de interesse cobrarão, depois, com forte ágio, o que pagaram".[21]

Da mesma forma, os argumentos contrários ao financiamento público têm ressonância tanto dentro do Congresso quanto em setores da sociedade que veem na proposta um canal de mau uso do erário, já que o dinheiro que hoje ingressa nas campanhas via caixa oficial e caixa dois continuará a fazer parte das campanhas, mas apenas como caixa dois. Do ponto de vista pragmático, argumenta-se que seria difícil que os grupos econômicos que hoje se beneficiam das doações aceitem alterar o modo de funcionamento.

O debate tende a se desdobrar em inúmeros argumentos, mas parece-me que a hipótese de financiamento exclusivamente público deva ser de pronto afastada. Perder-se-ia a oportunidade de aprofundamento do elo cívico entre candidatos e indivíduos através da doação. Ainda que pequena, como se discutiu anteriormente, doações de pessoas físicas devem ser vistas como legítimas manifestações da opinião política e, portanto, bem-vindas.

De toda sorte, sempre que há o risco de perda de canais de financiamento, parlamentares e partidos lembram-se primeiro dos fundos públicos e apenas secundariamente, se é que o fazem, da necessidade de adaptarem suas práticas e selecionarem adequadamente seus quadros de candidatos como formas de estimular a doação por pessoas físicas. O efeito imediato das investigações dos crimes cometidos por meio da Petrobras foi o afugentamento de financiadores para os partidos políticos. Ao invés de ver nesta uma grande oportunidade de buscar inovações, as bancadas no Congresso aprovaram norma que amplia o repasse de dinheiro público às siglas.[22] Desta forma, o financiamento público não chega por suas supostas qualidades em nivelar a disputa eleitoral, mas como tapa-buraco.

A limitação da participação de empresas privadas

Na seção anterior, tratou-se da hipótese de que o STF confirme a sinalização de preferência de sua maioria na ADIn 4.650. Porém, além da possibilidade de que os ministros revejam os votos já proferidos, há em tramitação no Congresso nacional propostas de emenda à Constituição para constitucionalizar a possibilidade de que pessoas jurídicas de direito privado doem aos partidos políticos.[23]

Caso de fato o Congresso promova a alteração constitucional, permanecerá o desafio de superação da temerária situação vivida atualmente. Há, entretanto, boas alternativas disponíveis, ainda que a salutar retirada de empresas privadas da corrida eleitoral não ocorra. A primeira delas, já tratada e discutida, seria o fortalecimento da participação de pessoas físicas. A segunda medida seria o estabelecimento de limites para doações por pessoas físicas e pessoas jurídicas, e a terceira seria também a limitação do uso de recursos próprios dos candidatos em suas campanhas.

O estabelecimento de limites às doações de pessoas jurídicas, físicas e dos próprios candidatos poderia ser feito com alterações pontuais na Lei das Eleições, em seus arts. 23, §1º, I e II, §7º, e 81, §1º. Em relação à limitação das doações de pessoas físicas, o art. 23, §1º, I, da lei estabelece que pessoas físicas poderão fazer doações para campanhas eleitorais até 10% dos rendimentos brutos auferidos no ano-calendário anterior. A lei neste ponto é marcada por inconstitucionalidade, já que, ao estabelecer limite proporcional à renda, cria a nefasta distinção de participação no processo eleitoral baseada em capacidade econômica.

Nos termos da ADIn 4.650, proposta pela OAB:

> O principal limite instituído, baseado em percentual dos rendimentos obtidos no ano anterior, é, ao mesmo tempo, muito leniente em relação aos ricos, e injustificadamente rigoroso em relação às pessoas menos abastadas [...]. O critério em discussão autoriza doações à campanha de milhões de reais, que podem, verdadeiramente, decidir pleitos eleitorais. Por outro lado, perpetua a desigualdade, ao conferir um poder político incomparavelmente maior aos ricos do que aos pobres.[24]

Portanto, o legislador deve estabelecer como limite valor nominal, de modo que a experiência de contribuir com o processo eleitoral em seu aspecto financeiro produza idênticos impactos independentemente da condição econômica do eleitor.

A segunda inovação legislativa, caso empresas sejam afinal mantidas dentre doadores permitidos, deve ser o limite ao valor das contribuições permitidas às pessoas jurídicas de direito privado. O art. 81, §1º, da Lei das Eleições admite doações de empresas privadas até o máximo de 2% do faturamento bruto do ano anterior à eleição. Com base no princípio da isonomia, e na busca de igualdade de condições entre os candidatos, os limites entre diferentes doadores não devem ser condicionados ao faturamento da empresa. Empresas de maior capacidade econômica, que nem sequer deveriam participar do processo eleitoral por não possuírem a condição de cidadania, ao menos deveriam ser igualadas com as demais empresas de quaisquer portes econômicos em seus limites de contribuição.

Em relação às chamadas autodoações, os candidatos atualmente não têm limites a não ser o próprio valor máximo da campanha, conforme estabelece o art. 23, §1º, II. Ademais, candidatos com maior patrimônio podem, sem prejuízo do limite de 10% dos rendimentos brutos, doar a sua própria campanha o uso de móveis ou imóveis próprios, desde que o valor da doação não ultrapasse 50 mil reais, nos termos do §7º do art. 23. A norma favorece significativamente os candidatos com maior patrimônio e renda e traz desigualdade ao pleito.

Conclusão

O custo das campanhas no Brasil aumentou dramaticamente nos últimos anos. A legislação eleitoral deixa a cargo dos próprios partidos definirem os limites de gastos de suas respectivas campanhas e de seus candidatos. A lei permite ainda que empresas doem às campanhas valores proporcionais aos seus faturamentos anuais, de modo que empresas maiores podem influenciar mais. A mesma regra existe para doação de pessoas físicas, resultando em reprovável regra censitária que garante maior acesso e possibilidade de participação política para ricos do que para pobres.

O desequilíbrio do processo eleitoral causado pelo excesso de recursos e sua distribuição desproporcional parece ter sido identificado tanto pelo Congresso Nacional quanto pelo STF. Tramitam inúmeras propostas de parlamentares com o propósito de fazer da mudança do sistema de doações de campanhas o coração da reforma política. Mas parece ser do Judiciário a resposta mais contundente contra a distorção dos pleitos no Brasil. Em resposta à ação da OAB questionando a constitucionalidade das regras de financiamento eleitoral, o STF pode a qualquer momento confirmar o entendimento já atingido por sua maioria e proibir que empresas doem para partidos e candidatos.

Este trabalho discutiu as alternativas postas por esse cenário incerto. Caso persista a legalidade da doação de empresas, resta ao Congresso estabelecer limites lineares, tanto para pessoas físicas quanto jurídicas, bem como restringir a participação patrimonial do próprio candidato. Entretanto, se for confirmada a interpretação do STF, restará aos partidos as opções do financiamento público de campanhas e busca por contribuições de pessoas físicas.

Em qualquer caso, a flexibilização das regras que impedem o uso de plataformas de financiamento coletivo (*crowdfunding*) teria impacto positivo na relação entre eleitores e candidatos. A limitação restringe o uso de todas as potencialidades trazidas pela internet e a tecnologia disponível para troca de ideias, debate político e participação cidadã através de pequenas contribuições eleitorais.

O temor de políticos com a eventual proibição de doações de empresas decorre justamente da ausência de alternativas — além de fundos públicos — que reponham os valores atualmente utilizados. As respostas, neste possível contexto, seriam simples: campanhas menos custosas e alta participação de pessoas físicas. Resta ao STF e ao Congresso a coragem de avançar nessa promissora direção e assim estimular que partidos políticos se reconstruam na busca da fidelização dos seus eleitores através das doações pela internet.

Notas

1. O noticiário recente sugere o elo entre doações e corrupção: "Alvos da Lava Jato doaram R$ 73 milhões para Dilma e Aécio", *Folha de S.Paulo* de 27/11/2014. Disponível em: <http://www1.folha.uol.com.br/poder/2014/11/1553906-alvos-da-lava-jato-doaram-r-77-mi-para-dilma-e-aecio.shtml>. Acesso em 20/02/2015.
2. LETERME, Yves. *Funding of Political Parties and Election Campaigns: a Handbook on Political Finance*. International Institute for Democracy and Electoral Assistance, 2014, p. V. Disponível em: <http://www.idea.int/publications/funding-of-political-parties-and-election-campaigns/upload/foppec_intro.pdf>. Acesso em 06/05/2015.
3. SAMUELS, David. "Financiamento de campanha e eleições no Brasil". In: BENEVIDES, Maria Victoria; VANNUCHI, Paulo; KERCHE, Fábio (Orgs.). *Reforma política e cidadania*. São Paulo: Instituto da Cidadania, 2003, p. 370.
4. A este respeito ver: SARMENTO, Daniel; OSORIO, Aline. "Uma mistura tóxica: política, dinheiro e o financiamento das eleições". Disponível em: <http://www.migalhas.com.br/arquivos/2014/1/art20140130-01.pdf>. Acesso em 20/02/2015.
5. Foram consideradas as receitas das campanhas dos candidatos à Presidência da República de PSDB e PT, bem como a receita dos respectivos comitês de campanha e do diretório nacional dos partidos quando suas respectivas arrecadações foram direcionadas para as campanhas. Os valores de 2002, 2006 e 2010 foram corrigidos monetariamente para seu valor equivalente na presente data. Foram compensadas as doações realizadas por candidatos e comitês a outros candidatos e comitês. Fonte: Tribunal Superior Eleitoral (TSE) e Projeto Às Claras <http://www.asclaras.org.br>. Acesso em 12/02/2015.
6. Segundo o TSE, de 2002 a 2014 o número de eleitores se ampliou em aproximadamente 23% (de 115 milhões para 142 milhões). Estatísticas do Eleitorado, disponível em <http://www.tse.jus.br/eleitor/estatisticas-de-eleitorado/evolucao-do-eleitorado>. Acesso em 17/02/2015.
7. "*the explosive growth in campaign expenditures fuels the perception that wealth buys political influence and threatens political equality* [...]. *This lack of a level playing field prohibits the equal participation and representation of all citizens in democratic political processes* [...]. *There is clearly an urgent need to better control political finance. Governments should regulate political donations and expenditures effectively.*" FALGUERA, Elin *et al.*, *Funding of Political Parties and Election Campaigns: a Handbook on Political Finance*. International Institute for Democracy and Electoral Assistance, Stockholm, Sweden, 2014, p. IV.

8. SPECK, Bruno W. In: Rita de Cássia Biason (Org.), *Temas de corrupção política no Brasil*. São Paulo: Balão Editorial, 2012, p. 67.
9. *Ibidem*, p. 75.
10. O projeto Política Aberta usa os dados do governo brasileiro, particularmente o Portal da Transparência e o site do Tribunal Superior Eleitoral <http://www.politicaaberta.org>. Acesso em 20/02/2015.
11. O projeto não permite verificar o impacto direto de cada ciclo de doações na formação dos contratos com a administração, pois a eventual influência das doações efetuadas em determinada campanha seria observada em anos posteriores, durante o mandato do gestor e não no ano da doação. Entretanto, os dados são reveladores da relação entre doadores frequentes e contratados frequentes.
12. BOAS, Taylor C. *et al.*, *Spoils of victory: campaign donations and government contracts in Brazil*. The Helen Kellog Institute for International Studies. Working paper # 329. Agosto de 2011. *Apud* SARMENTO, Daniel; OSORIO, Aline. "Uma mistura tóxica: política, dinheiro e o financiamento das eleições." Disponível em: <http://www.migalhas.com.br/arquivos/2014/1/art20140130-01.pdf>. Acesso em 20/02/2015.
13. Recentes depoimentos descrevem a organização das empresas, chamadas pelas próprias de "clube", que se reuniram para dividir, entre elas, os contratos com a estatal. Disponível em: <http://g1.globo.com/jornal-nacional/noticia/2015/02/testemunha-reforca-tese-de-que-cartel-dividia-contratos-da-petrobras.html>. Acesso em 20/02/2015.
14. "Debates da reforma política terão dois temas prioritários e as audiências públicas vão priorizar a discussão sobre sistema eleitoral e financiamento de campanhas". Disponível em: <http://ww2.camara.leg.br/camaranoticias/noticias/POLITICA/481979-DEBATES-DA-REFORMA-POLITICA-TERAO-DOIS-TEMAS-PRIORITARIOS,-DIZ-RELATOR.html>. Acesso em 20/02/2015.
15. Para mais detalhes da arrecadação nas eleições de 2012 dos EUA, ver <https://www.opensecrets.org/pres12/>. Acesso em 20/02/2015.
16. Os PACs são organizados paralelamente aos partidos e buscam tanto a defesa de uma campanha quanto atacar a campanha adversária: "A maioria dos PACs representam negócios, trabalho ou interesses ideológicos." Já os Super PACs foram criados em 2010 após a decisão da U.S. Court of Appeals no caso *Speechnow v. FEC*. Em 2012 registraram-se 1.310 Super PACs e não há limites ou restrições das fontes de recursos que podem ser utilizados para suas despesas. Para mais detalhes, ver <https://www.opensecrets.org/pacs/pacfaq.php>. Acesso em 20/02/2015.
17. Na eleição de 2012 nos EUA os 1.310 Super PACs arrecadaram aproximadamente USD 828 milhões, valor inferior ao arrecadado pelas campanhas (aproximada-

mente USD 1,2 bilhão). Ademais, parte do que se arrecadou via Super PACs constitui doações de pessoas físicas.
18. Art. 23, §4º, inciso III: As doações de recursos financeiros somente poderão ser efetuadas na conta mencionada no art. 22 desta Lei por meio de: (...) III mecanismo disponível em sítio do candidato, partido ou coligação na internet, permitindo inclusive o uso de cartão de crédito, e que deverá atender aos seguintes requisitos: a) identificação do doador; b) emissão obrigatória de recibo eleitoral para cada doação realizada. Ver também Resolução do TSE nº 23.406.
19 A consulta CTA nº 20.887 feita pelo deputado Jean Wyllys: "Considerando a jurisprudência deste Tribunal Superior Eleitoral, bem como a legislação eleitoral vigente, a arrecadação de recursos através de websites de financiamento coletivo mostra-se lícita no que tange às campanhas eleitorais? Tendo em vista que o financiamento coletivo prevê a figura de um organizador, que é o responsável pelo repasse dos recursos arrecadados ao destinatário final, como seria operacionalizada a emissão de recibos eleitorais? É permitida a emissão de somente um único recibo em nome do organizador, ou são exigidos tantos recibos quantos os participantes do financiamento coletivo e em nome destes? Permite-se a divulgação do financiamento coletivo? Se sim, por quais meios de comunicação e de que forma?"
20. *Ibidem*. Acórdão publicado em 13/06/2014. O tribunal, por unanimidade, respondeu negativamente à primeira indagação e julgou prejudicadas as demais, nos termos do voto do relator. Votaram com o relator a ministra Luciana Lóssio e os ministros Gilmar Mendes, Rosa Weber, Laurita Vaz, João Otávio de Noronha e Dias Toffoli (presidente).
21. RIBEIRO, Renato Janine. "Financiamento de campanha (público versus privado)", in: AVRITZER, Leonardo; ANASTASIA, Fátima. *Reforma política no Brasil*. Belo Horizonte: UFMG, 2006, p. 80.
22. Congresso triplica recursos para partidos ao aprovar o orçamento 2015, Portal G1 <http://g1.globo.com/politica/noticia/2015/03/congresso-triplica-recursos--partidos-ao-aprovar-orcamento-de-2015.html>. Acesso em 26/03/2015.
23. A proposta com tal teor de maior visibilidade na Câmara dos Deputados é a PEC 352/2013, que acrescenta parágrafo 5º ao art. 17 da Constituição: § 5º Os partidos políticos poderão financiar as campanhas eleitorais com recursos privados, com recursos públicos ou com a combinação de ambos, conforme decidido pelo órgão partidário competente. § 6º A lei regulamentará as doações de pessoas jurídicas para as campanhas eleitorais, observado o seguinte: I — apenas os partidos políticos poderão receber os recursos, vedadas as doações diretas para candidatos; II — entidades de classe ou sindicais e entidades de direito privado que recebam recursos públicos só poderão fazer doações de fundos especificamente arrecadados

para fins eleitorais; III — órgãos da Administração Pública direta e indireta ou fundações mantidas com recursos provenientes do Poder Público e concessionárias ou permissionárias de serviço público não poderão fazer doações; IV — os partidos deverão definir critérios para distribuição interna dos recursos até o término do prazo para a definição das candidaturas; V — os partidos darão, no decorrer da campanha, ampla divulgação aos valores recebidos e aos nomes dos respectivos doadores. Disponível em <http://www.camara.gov.br/proposicoesWeb/fichadetramitacao?idProposicao=600023>. Acesso em 22/02/2015.
24. ADIn 4.650, relator ministro Luiz Fux.

9. Alterações pontuais na Lei das Eleições podem auxiliar no combate ao caixa dois
Silvana Batini Cesar Góes

É preciso modificar profundamente o sistema de financiamento das campanhas eleitorais no Brasil. Mas é possível pensar em formas simples e objetivas de minimizar os danos que o modelo atual apresenta, sem que seja necessário adentrar nas questões mais polêmicas que o tema envolve.

De fato, o modelo de financiamento das campanhas eleitorais é um dos pontos mais controvertidos quando se aborda o tema da reforma eleitoral. Modelos de financiamento público, privado e misto, ou ainda limites às doações de pessoas físicas e jurídicas dividem opiniões e suscitam divergências de ordem técnica e ideológica em uma escala muito difícil de produzir consensos mínimos. Talvez o único consenso que se tenha obtido nesse assunto gravita em torno do lugar-comum de que o financiamento das campanhas eleitorais está na gênese da corrupção sistêmica que parece existir no Brasil. Sem prejuízo da necessidade de se empreender este debate de forma livre e ampla, é possível avançar em direção à transparência das contas de campanha, com a alteração em dois artigos da Lei das Eleições e que passam ao largo das grandes controvérsias. Refiro-me aos artigos 30A e 105A da Lei 9.504/97. É preciso admitir que o sistema de repressão ao caixa dois no Brasil é falho e, a ser mantido da forma como está, não prevenirá futuras transgressões, ainda que se parta para o financiamento público ou se proíba de vez a doação por pessoas jurídicas.

Um rápido olhar para a história da política do Brasil nas últimas décadas permite concluir que o tema da corrupção se vinculou de forma indelével à forma de financiamento de campanhas eleitorais. O padrão legal hoje vigente mescla fontes públicas e privadas, estabelece limites e prevê sanções. Nada disso parece ter conseguido evitar que o poder econômico interfira de forma desmedida nos pleitos e acabe por comprometer o mandato dos eleitos. Todo debate que se trava em torno da reforma eleitoral passa pela discussão das formas de financiamento. O próprio STF foi acionado na ADIn 4.650, ainda em julgamento, para deliberar sobre a possibilidade de pessoas jurídicas contribuírem em campanhas eleitorais.

Mas, convenhamos, nenhum modelo de financiamento, por si só, dará conta de garantir equilíbrio e transparência às eleições, se não puder ser fiscalizado de forma adequada e se não prevnir sanções duras e rigorosas contra seus transgressores. Trata-se de preservar a lealdade da disputa e proteger a liberdade dos mandatos conquistados. Caso se estabeleça, por exemplo, que pessoas jurídicas não poderão mais doar a campanhas, é de se pensar se estamos preparados para punir e combater o candidato que ocultar esta fonte de financiamento de suas contas. Pelo modelo atual, é grande a chance de nada acontecer com ele e com o mandato eventualmente conquistado.

Em 2006, o legislador, premido pela polêmica do escândalo do Mensalão, alterou a Lei das Eleições para prever, pela primeira vez, que candidaturas financiadas de maneira ilícita estariam passíveis de cassação. De fato, a Lei 11.300 de 2006 introduziu o artigo 30A na Lei 9.504, permitindo que o financiamento e os gastos ilícitos de campanha fossem elevados à categoria de ilícito eleitoral grave, passível de cassação de registro ou diploma. Posteriormente, a "Lei da Ficha Limpa" (LC 135/2010) instituiu o efeito da inelegibilidade por oito anos ao candidato que for condenado pelo ilícito em questão.

Atualmente, o artigo 30A da Lei 9.504 dispõe que "Qualquer partido político ou coligação poderá representar à Justiça Eleitoral, no prazo de 15 (quinze) dias da diplomação, relatando fatos e indicando provas, e pedir a abertura de investigação judicial para apurar condutas em desacordo com as normas desta Lei, relativas à arrecadação e gastos de recursos".

O texto original do artigo 30A não previa qualquer prazo para a propositura da demanda e a lacuna da lei deu margem a certa divergência jurisprudencial e doutrinária.

Alguns entendiam pela aplicação da analogia. Em geral, as ações eleitorais que importam em perda de registro ou diploma só podem ser propostas até, no máximo, quinze dias após a diplomação dos eleitos (ex.: Ação de Impugnação de Mandato Eletivo — AIME). Para os não eleitos, esse prazo expira na data da diplomação (prazo das Ações de Investigação Judicial Eleitoral — AIJE). Tudo para evitar a perpetuação de demandas e para preservar a segurança jurídica e a estabilidade dos mandatos.

Outra interpretação privilegiava a isonomia. É que as ações eleitorais contra *doadores* de campanha que excedem o limite legal também não têm prazo definido em lei, e a jurisprudência se pacificou em torno da fixação de 180 dias a contar da diplomação, em interpretação sistemática a partir do artigo 32 da mesma lei. Assim, se doadores podem ser demandados até 180 dias após a diplomação, beneficiários também deveriam poder.

Por fim, havia os que interpretavam o silêncio como opção deliberada da lei. Em não havendo prazo definido, a ação poderia ser intentada enquanto perdurasse o mandato, em vista da gravidade do ilícito perpetrado.

A controvérsia foi superada com a Lei 12.034/2009, que, alterando o mencionado artigo 30A, fixou o prazo decadencial de quinze dias a contar da diplomação, para a propositura da demanda. A opção legislativa, objeto de uma Ação Direta de Inconstitucionalidade ainda não julgada pelo STF (ADIn 4.532, relatório do ministro Luiz Fux), não foi a melhor e merece ser revista.

Em primeiro lugar, porque o prazo de quinze dias a contar da diplomação é muito exíguo para a propositura de uma demanda minimamente consistente. Nenhum candidato eleito pode ser diplomado sem que suas contas de campanha tenham sido julgadas. Todavia, a rejeição das contas ou sua aprovação com ressalvas não impede a diplomação, justamente porque as prestações de conta encerram a simples contabilidade declarada do candidato. Eventuais inconsistências detectadas poderão configurar, desde meras irregularidades de ordem formal, até indícios de fraude, contabilidade paralela e fontes vedadas. Daí por que as prestações de contas, ainda quando aprovadas, constituem ponto de partida para uma eventual investigação acerca de origens ilícitas de recursos de campanha, genericamente alcunhadas de caixa dois.

O rastreamento de recursos é tarefa que demanda, muitas vezes, medidas investigativas trabalhosas, como quebras de sigilo bancário e fiscal e que exigem intervenção judicial. É preciso tempo para rastrear movimentações financeiras, cruzar dados, identificar processos de lavagem de recursos ilícitos e gastos não contabilizados. Imaginar que isso seja possível no curto período entre o julgamento das contas e a quinzena pós-diplomação é apostar na fantasia. Não se perca de vista o prosaico detalhe de que as cerimônias de diplomação se dão sempre às vésperas do recesso forense das festas de fim de ano e o prazo de quinze dias previsto na lei não se suspende.

O irreal prazo fixado na lei produz efeitos de todo indesejados. De um lado incentiva as demandas temerárias e inconsistentes que alimentam o senso já comum de que ações eleitorais são tentativas de realizar o terceiro turno. Na iminência de se perder a oportunidade de derrubar o adversário, não raro os partidos ajuízam ações sem fundamentos ou base mínima.

De outro lado, o prazo fixado agrava a impunidade, uma vez que indícios de irregularidade em torno de campanhas eleitorais — vem demonstrando a experiência — surgem muitas vezes após encerradas as disputas e emergem de fatos que nada têm a ver com as eleições. Pelo sistema atual, descobrir tardiamente que um mandatário, ou mesmo um candidato perdedor, se financiou de forma desleal e ilícita não lhe traz nenhum gravame.

É certo que a prestação de contas que oculte dados relevantes configura crime passível de pena privativa de liberdade (artigos 348, 349 e 350 do Código Eleitoral). A previsão, todavia, não supre a necessidade de medidas eleitorais no sentido estrito, já que a responsabilidade penal é pessoal e limitada, além de terem, as ações penais, procedimentos mais longos e incompatíveis com a dinâmica que o processo eleitoral exige. Por esta mesma razão, a proposta de criação de um novo tipo penal criminalizando o caixa dois, sugestão que já circulou inclusive durante a campanha eleitoral de 2014, nem inova, nem resolve o impasse. O financiamento ilícito de campanha deve produzir efeitos eleitorais: afastar o candidato da disputa ou cassar-lhe o mandato deslealmente conquistado, além de acarretar a inelegibilidade temporária.

O sistema vigente ainda guarda uma incongruência grave: a captação e os gastos ilícitos em campanhas eleitorais só trazem punições, em tese, para os vencedores. É que a lei vincula a propositura da ação ao ato da diplomação. Há um vácuo legislativo em torno de o que fazer e como fazer em face do candidato que transgride as regras de financiamento e não se elege. Na grande maioria dos casos, as prestações de contas de candidatos não eleitos são julgadas muito tempo depois da eleição, em fases totalmente diversas dos prazos de diplomação dos eleitos.

O financiamento espúrio de campanhas nem sempre determina a vitória do candidato. Ainda assim, as transgressões precisam ser devidamente apuradas e punidas com o objetivo de preservar a lisura da disputa e a credibilidade do sistema. O candidato que, agindo de modo ilegal, não se elege, não terá diploma a ser cassado, mas se, ainda assim, puder ser condenado, poderá ser alcançado pela inelegibilidade prevista na Lei da Ficha Limpa.

Eis por que é preciso rever a disciplina processual das ações eleitorais voltadas ao financiamento das campanhas. Caso contrário, pouco adiantará mudarmos o modelo para público exclusivo ou privado com limites. É preciso reformular o sistema de fiscalização e punição. Há interesse processual relevante na demanda.

A racionalização dos prazos processuais para a propositura das ações eleitorais relativas às infrações no financiamento não resolve todos os problemas, mas aprimora o sistema e prescinde de discussões de conteúdo mais ideológico. Pode, portanto, ser alcançada de forma mais rápida e objetiva.

É fato que não se deseja que os eleitos permaneçam indefinidamente vulneráveis a ações judiciais que redundam, em tese, na cassação de seus mandatos. A estabilidade no poder, tanto quanto a lisura do pleito, é também um valor a ser preservado. É preciso, porém, buscar fórmulas que preservem o equilíbrio entre estes valores.

Esse equilíbrio pode ser alcançado na fixação de um prazo mais realista, acompanhado de restrição na legitimidade para a propositura da demanda e no controle dos efeitos da condenação.

A primeira proposta consiste na alteração do *caput* do artigo 30A da Lei 9.504, ampliando-se o prazo decadencial para a interposição da ação eleitoral, para 180 dias a contar do julgamento das contas.

O termo inicial desvincula-se da diplomação, permitindo que seja aplicado aos candidatos não eleitos. Além disto, o prazo para a ação fica atrelado à apreciação da prestação das contas que, em última análise, constitui importante fonte de subsídios para a constatação dos ilícitos. Candidatos eleitos terão suas contas apreciadas antes da diplomação e, portanto, o risco a seus mandatos finda com os 180 dias a contar de seu julgamento. Com isto se evita a perpetuação da instabilidade dos mandatos.

Além disso, o prazo fixado em 180 dias preserva, antes de tudo, a isonomia entre doadores de campanha e beneficiários. Como já se disse, a jurisprudência fixou esse prazo para propositura de demandas contra *doadores* que excedem os limites. Não é justo que doadores estejam vulneráveis por 180 dias e beneficiários não. Ademais, o prazo guarda consonância com o disposto no artigo 32 da Lei 9.504, que fixa esse número de dias para a guarda obrigatória de documentos relativos às campanhas.

A excepcionalidade do prazo dessa ação eleitoral em relação às demais espécies — AIJE, AIME e Recursos contra a Expedição de Diplomas (RCED) — se justifica pela natureza do ilícito que ela envolve. Financiamentos espúrios produzem efeitos de longo prazo e repercutem diretamente nos mandatos a serem exercidos. Além disto, são infrações de surdina, menos expostas do que outras, como abuso de poder político ou condutas vedadas, e, por esta razão, merecem um prazo mais adequado para sua elucidação.

O risco do prolongamento da campanha e do chamado "terceiro turno" pode ser contornado pela restrição à legitimidade para a demanda. Pelo sistema hoje vigente, a ação do artigo 30A pode ser proposta tanto pelo Ministério Público Eleitoral, como pelos partidos e pelas coligações. De fato, não é razoável que todos esses atores permaneçam concorrentemente legitimados por tão longo tempo para a demanda. Mas é perfeitamente plausível que, após os quinze dias fixados na lei, permaneça o Ministério Público, instituição constitucionalmente afetada pela defesa do regime democrático, legitimado para propor a ação no prazo mais dilatado. Assim, a proposta é a de que as ações do artigo 30A possam ser intentadas até 180 dias após o julgamento das contas, mas a legitimidade a partir do 16º dia seja exclusiva do Ministério Público Eleitoral, permanecendo o atual prazo de quinze dias para os demais legitimados.

Por fim, a atribuição do Ministério Público Eleitoral, por sua gravidade e potencial efeito na soberania popular, precisa ser exercida e acompanhada pela formalização em instrumentos rastreáveis e limitados. Esse instrumento já existe no ordenamento jurídico e vem a ser o Inquérito Civil Público.

O artigo 105A da Lei das Eleições, introduzido pela Lei 12.034/2009, impede a aplicação, em matéria eleitoral, dos procedimentos previstos na Lei 7.347/85, lei da ação civil pública. Uma interpretação equivocada desse dispositivo vem impedindo não só a ação civil pública de cunho eleitoral — verdadeiro objetivo da lei —, mas também a instauração de procedimento formal de investigação, qual seja o Inquérito Civil.

Nada justifica uma proibição dessa natureza. Antes de ajuizar ações com efeitos tão drásticos como as ações eleitorais, é preciso investigar, reunir elementos, colher indícios. Tudo recomenda, a bem dos próprios investigados, que esta atividade se dê em ambiente controlado e formal, como é o Inquérito Civil Público. Atualmente estas investigações vêm se dando em procedimentos administrativos regulados internamente pela instituição e sem uniformização.

Obviamente que a possibilidade de instauração de Inquérito Civil Público Eleitoral favorece a investigação de ilícitos eleitorais de outra natureza e a elas deve ser estendido como medida de racionalidade e garantia. Mas no que se refere às infrações ligadas ao financiamento de campanha, a medida ganha especial relevo, já que a proposta de legitimar exclusivamente o Ministério Público para ações que redundam em perda de mandato exige forma sindicável e transparente. Inclusive para o controle das hipóteses de arquivamento.

A proposta final, portanto, é a de que o artigo 105A seja alterado para permitir o Inquérito Civil Público Eleitoral. Assim, o Ministério Público Eleitoral, ao se deparar com indícios de irregularidades no financiamento de campanhas eleitorais e diante da necessidade de colher mais elementos, instaurará o competente Inquérito Civil Público para apuração do ilícito, previamente à propositura da demanda.

10. Propostas para uma transparência mais efetiva das contas dos candidatos e partidos no período eleitoral
Marina Barros

O atual calendário de prestação de contas aplicado às candidaturas pelo Tribunal Superior Eleitoral (TSE) não leva os eleitores em consideração. Se acreditarmos que tais informações são importantes e podem influenciar as decisões no período eleitoral, parece uma contradição que apenas pequena parte dos dados sobre arrecadação e despesas de campanha esteja disponível para os eleitores antes do pleito.

Apesar de não haver prejuízo na auditoria das contas dos candidatos por parte da Justiça Eleitoral — que pode ser feita após as eleições —, os eleitores são impedidos, por exemplo, de ter conhecimento de quem são os financiadores de seus candidatos, informação que, no contexto brasileiro, pode ser muito significativa sobre a posterior atuação dos políticos.

O financiamento das campanhas eleitorais e a relação entre partidos e empresas têm sido alvo de debates e reformas no mundo todo. Não são raros os casos em que há influência direta de grupos empresariais nos mandatos de candidatos patrocinados ou ilicitude de transações financeiras entre partidos e empresas, o chamado caixa dois. Tais aspectos foram aprofundados pelos professores Michael Mohallem e Silvana

Batini Cesar Góes em outros artigos deste livro, onde se encontram propostas para combater problemas como esses.

No entanto, até que se chegue a uma solução definitiva sobre o tema, é urgente que o TSE confira absoluta transparência às prestações de contas dos candidatos e partidos políticos, cuja fiscalização é de sua responsabilidade.

Este artigo pretende contribuir para o aprimoramento das práticas de transparência do TSE ao apresentar um diagnóstico dos dispositivos de divulgação das contas de campanhas das eleições de 2014 e sugerir propostas de aperfeiçoamento de curto prazo aos órgãos competentes.

Transparência designa a propriedade física de permitir que se veja através, livre de opacidades. Quando aplicada à esfera política, significa a capacidade de as instituições apresentarem claramente seu funcionamento, atuação e fluxos de informação, permitindo ao cidadão enxergar para além de suas estruturas.

No âmbito do TSE e das contas de campanhas eleitorais, é possível se supor que apenas o acesso às informações financeiras dos comitês e dos partidos políticos ao longo do processo eleitoral garantiria um nível de transparência satisfatório. Um olhar mais atento para as condições sob as quais a disponibilização desses dados acontece atualmente, porém, traz duas questões cruciais para a qualificação de ações de transparência: *quais informações são divulgadas e qual o tempo de sua atualização?*

Quais informações são divulgadas?

Apesar de disponibilizar algumas informações protocolares sobre os candidatos, como declaração de bens, certidões negativas, o site do TSE não é o melhor lugar para o eleitor buscar informações mais detalhadas sobre seu candidato, como, por exemplo, formação, trajetória política, situação junto à Justiça ou identificação dos financiadores da campanha. Tampouco ele deve contar com a propaganda eleitoral, que em geral é ocupada por mensagens que obedecem às estratégias de marketing tendo como objetivo a persuasão do eleitor.

Em 2014, foram os aplicativos e as plataformas digitais que melhor cumpriram o papel de agregar informações sobre os candidatos a partir de diferentes fontes — Congresso Nacional, tribunais de justiça, TSE — e criar interfaces mais amigáveis para consulta, como o Atlas Político[1] ou o projeto Excelências[2] da ONG Transparência Brasil.

No que diz respeito às informações sobre financiamento e gastos das campanhas, a Lei das Eleições (Lei 9.504/97) não contribui para a completude e atualização destas informações, já que desobriga a indicação dos nomes dos doadores e respectivos valores nas duas primeiras prestações de contas parciais apresentadas antes do pleito:

> Os partidos políticos, as coligações e os candidatos são obrigados, durante a campanha eleitoral, a divulgar, pela rede mundial de computadores (internet), nos dias 8 de agosto e 8 de setembro, relatório discriminando os recursos em dinheiro ou estimáveis em dinheiro que tenham recebido para financiamento da campanha eleitoral e os gastos que realizarem, em sítio criado pela Justiça Eleitoral para esse fim, exigindo-se a indicação dos nomes dos doadores e os respectivos valores doados *somente na prestação de contas final* de que tratam os incisos III e IV do art. 29 desta Lei.[3] [grifos do autor]

A Procuradoria Geral da República ajuizou uma Ação Direta de Inconstitucionalidade (ADIn 4.989) no Supremo Tribunal Federal contra essa regra, pois considera que ela viola os valores constitucionais de *publicidade*, constante do artigo 37, *caput*, da Constituição da República, como também os princípios de *moralidade para o exercício do mandato eletivo, probidade administrativa e legitimidade das eleições contra a influência do poder econômico*, previstos nos artigo 14, §9º, da Carta republicana. O relator da ação que está tramitando desde 18 de junho de 2013 e tem pedido de medida liminar[4] é o ministro Teori Zavascki.

Mas foi por determinação da então presidente do TSE, ministra Cármen Lúcia Antunes Rocha e em cumprimento à Lei de Acesso à Informação (Lei nº 12.527/2011, LAI) que, em agosto de 2012, a Justiça Eleitoral disponibilizou pela primeira vez a lista com a identificação dos doadores e fornecedores de serviços contratados durante o curso da campanha eleitoral.[5] Para isso, foi necessário que essa informação fosse incluída pelos comitês eleitorais e candidatos nas prestações de contas parciais. O mesmo aconteceu em 2014.

É importante ressaltar que os partidos políticos também estão enquadrados na LAI, uma vez que são entidades privadas sem fins lucrativos que recebem recursos públicos diretamente do orçamento ou mediante subvenções sociais (artigo 2º). O modelo de financiamento adotado pelo Brasil é misto e o Fundo Especial de Assistência aos Partidos Políticos — Fundo Partidário — é formado por dotações orçamentárias da União. Contudo, a publicidade exigida recai apenas sobre os recursos públicos recebidos e sua destinação:

> A publicidade a que estão submetidas as entidades citadas no *caput* refere-se à parcela dos recursos públicos recebidos e à sua destinação, sem prejuízo das prestações de contas a que estejam legalmente obrigadas.[6]

Por esse motivo, tramita na Câmara dos Deputados o projeto de lei 6.467/2013 do deputado Gabriel Guimarães (PT-MG), que cria mecanismos para que o cidadão tenha acesso a informações de interesse público sobre os partidos políticos. A proposta é claramente inspirada nos princípios da LAI e sua aprovação seria, sem dúvida, um grande avanço no aumento da transparência dos partidos e de suas contas.

Quando a informação é divulgada e qual é a atualização dos dados?

O Calendário Eleitoral, regulamentado pela Resolução 23.390/2014 estabelece uma data para que partidos políticos, comitês financeiros e candidatos enviem à Justiça Eleitoral relatórios parciais discriminando os recursos em dinheiro ou estimáveis em dinheiro que tenham recebido para financiamento da campanha eleitoral, assim como dos gastos realizados durante determinado período.[7]

Nas eleições de 2014, o primeiro relatório parcial, divulgado no dia 6 de agosto, contemplou as contas do dia 1º de julho até 2 de agosto e o segundo relatório parcial, divulgado no dia 6 de setembro, as contas do dia 1º de julho até o dia 2 de setembro. O relatório final, divulgado trinta dias após o pleito, contemplou o período total de arrecadação, do dia 1º de julho até o dia 4 de outubro — para as candidaturas que se encerraram no primeiro turno.

Cabe notar que entre o segundo relatório parcial e o relatório final há um lapso de dois meses, período em que as atividades de arrecadação e gastos das campanhas eleitorais são mais intensas — conforme demonstrou um breve levantamento[8] realizado nas contas das campanhas das eleições de 2014 dos candidatos de São Paulo e Rio de Janeiro.

Segundo o levantamento, entre a segunda prestação de contas parcial e o relatório final as candidaturas movimentam cerca de 70% de arrecadações, mas essa informação só é conhecida pela Justiça Eleitoral e pelo eleitor trinta dias após o primeiro turno das eleições. Enquanto a Justiça Eleitoral pode se adaptar a esse calendário para fins de fiscalização das contas, o eleitor fica prejudicado, já que, na véspera das eleições, detém uma informação desatualizada sobre todos os candidatos.

A frequência mensal de prestação de contas dos partidos está prevista na Lei dos Partidos Políticos (Lei 9.096/95), que estabelece o envio dos balanços contábeis à Justiça Eleitoral durante os quatro meses anteriores e dois meses posteriores ao pleito (art. 32, §3º). A importância da atualização dessa informação também é reconhecida pela Resolução 23.432/2014 do TSE, que regulamenta as finanças e contabilidades dos partidos. Quando entrar em vigor em 2016 ela irá, na prática, acabar com o sigilo das contas partidárias na medida em que exigirá das autoridades bancárias o envio de extratos mensais das contas detidas por partidos com identificação da contraparte.

Essas adequações, em tese, devem melhorar a atualização das informações sobre as contas das campanhas para a Justiça Eleitoral. Mas, e para o eleitor?

O eleitor é sem dúvida uma das partes mais interessadas nas informações sobre os partidos políticos e suas candidaturas. Um exemplo de como os cidadãos podem ter acesso a esses dados foi o aparecimento de diversos aplicativos e plataformas digitais nas últimas eleições que, tendo como base os dados (desatualizados) divulgados pelo TSE, facilitavam a visualização das informações sobre o financiamento das campanhas. Inspirado no plug-in norte-americano Greenhouse,[9] o plug-in "Verdinhas",[10] por exemplo, mostra os valores e fontes de financiamento de um candidato com o simples passar do cursor sobre seu nome em qualquer notícia acessada pelo usuário. Já o Projeto Brasil,[11] vencedor da Maratona Hacker realizada em parceria com o Google e a ONG Transparência Brasil, organizou as propostas dos candidatos bem como suas informações e obteve, segundo o site, cerca de um milhão de avaliações nas propostas dos candidatos à presidência no primeiro turno. A imprensa também criou ferramentas de visualização dos dados do TSE como, por exemplo, a página "Eles elegem",[12] do jornal O *Estado de S. Paulo*, que permite ao usuário selecionar empresas ou candidatos e visualizar a rede de relações de financiamento.

Como vimos anteriormente, porém, o prazo de divulgação e grau de atualização dos dados disponibilizados pelo TSE não é satisfatório. Acaba comprometendo o direito de acesso à informação do eleitor e o pleno exercício da democracia, uma vez que sem estar devidamente informado sobre os fatores e interesses que podem exercer influência no mandato de seus candidatos, o eleitor não pode tomar uma decisão consciente sobre seu voto.

A Lei de Acesso à Informação e os princípios de dados abertos

A aprovação da Lei 12.527/2011 foi celebrada pelos grupos da sociedade civil que pressionavam o governo, desde 2003, por mais transparência na administração pública.[13] A lei garante o direito à informação e em seu artigo 3º legitima os meios de comunicação, viabilizados pela tecnologia, a disponibilizar informações produzidas e armazenadas pelo setor público, estabelecendo também a publicidade como preceito e o sigilo como exceção. A lei brasileira é considerada uma das melhores do mundo, estando em 17º lugar no ranking Right to Information.[14] A pressão internacional também favoreceu a priorização da aprovação da lei, visto que o Brasil foi convidado pelos Estados Unidos a copresidir a iniciativa Open Government Partnership (OGP) no mesmo momento em que a LAI estava para ser sancionada.

O compromisso de cumprimento da LAI — adicionalmente à posição ocupada pelo Brasil junto à OGP — reforça a necessidade do país de se estabelecer como referência na aplicação das melhores práticas de transparência pública. Contudo, recentes pesquisas e experiências neste campo têm demonstrado que isso não vem acontecendo a contento.

Em 2014, pesquisa conduzida pela Fundação Getulio Vargas — FGV[15] enviou mais de setecentos pedidos de acesso à informação a 170 órgãos públicos dos três poderes e em todos os níveis de governo — municipal, estadual e federal. A pesquisa identificou um baixo grau de observância à lei, com uma taxa de resposta geral de 69% e taxa de precisão de 57%.[16] Um dos principais obstáculos à transparência observados pela pesquisa diz respeito ao formato dos dados enviados pelos órgãos pesquisados em resposta às solicitações, que muitas vezes impedem seu processamento e apropriação por parte dos requerentes. A inobservância dos princípios de dados abertos adotados pelo governo brasileiro no âmbito do seu compromisso com a Open Government Partnership foi uma constante nesse sentido.

Mas se a LAI transita no campo da garantia de direitos, as diretrizes no âmbito da OGP atuam de forma complementar ao compreenderem a abertura dos dados públicos como um dispositivo para ampliação da fiscalização e participação cidadã.

Nesse sentido, as orientações da LAI e da OGP em relação ao formato dos dados disponibilizados apresentam suas particularidades, como veremos.

A LAI estabelece como requisitos mínimos a possibilidade de gravação de relatórios em diversos formatos eletrônicos; o acesso automatizado por sistemas externos em formato aberto, estruturados e legíveis por máquina; a garantia de autenticidade e integridade da informação; e a atualização das informações disponíveis para acesso (art. 8º). Tais padrões visam possibilitar a reutilização dos dados em aplicativos e plataformas externas às páginas dos órgãos públicos.

As iniciativas de dados abertos aprofundam esses princípios fornecendo mais parâmetros para o gestor público. O Portal de Dados Abertos,[17] por exemplo, utiliza o conceito elaborado por um grupo de trabalho formado por trinta pessoas que se reuniram em 2007 para estabelecer oito princípios básicos de definição dos dados abertos. Segundo esse grupo, para ser considerado um dado governamental aberto, os dados devem cumprir os seguintes requisitos:[18]

a) Completos: todos os dados públicos são disponibilizados. Dados são informações eletronicamente gravadas, incluindo, mas não se limitando a documentos, bancos de dados, transcrições e gravações audiovisuais. Dados públicos são dados que não estão sujeitos a limitações válidas de privacidade, segurança ou controle de acesso, reguladas por estatutos;

b) Primários: os dados são publicados na forma coletada na fonte, com a mais fina granularidade possível, e não de forma agregada ou transformada;

c) Atuais: os dados são disponibilizados o quão rapidamente seja necessário para preservar o seu valor;

d) Acessíveis: os dados são disponibilizados para o público mais amplo possível e para os propósitos mais variados possíveis;

e) Processáveis por máquina: os dados são razoavelmente estruturados para possibilitar o seu processamento automatizado;

f) Acesso não discriminatório: os dados estão disponíveis a todos, sem que seja necessária identificação ou registro;
g) Formatos não proprietários: os dados estão disponíveis em um formato sobre o qual nenhum ente tenha controle exclusivo;
h) Livres de licenças: os dados não estão sujeitos a regulações de direitos autorais, marcas, patentes ou segredo industrial. Restrições razoáveis de privacidade, segurança e controle de acesso podem ser permitidas na forma regulada por estatutos.

A LAI incorpora alguns dos princípios de dados abertos e o Brasil os adota em outros âmbitos como, por exemplo, no próprio Portal de Dados Abertos do governo federal. Todavia, o Brasil ainda não possui uma regulamentação própria para dados governamentais abertos,[19] recaindo sobre a LAI versar sobre o formato e características dos dados. Uma análise comparativa indica que os princípios dos dados abertos são mais avançados no que diz respeito à delimitação técnica e à formalização do uso e reuso dos dados por diferentes grupos e para diferentes interesses. Em relação ao princípio de atualidade, por exemplo, enquanto a lei de acesso à informação solicita que o órgão "mantenha atualizadas as informações disponíveis para acesso", os princípios de dados abertos têm um entendimento mais assertivo sobre o que seja atualidade, definindo que "os dados são disponibilizados o quão rapidamente seja necessário para preservar seu valor".

No caso das contas eleitorais, para que seja preservado o valor dos dados sobre financiamento de campanha em relação à lisura e transparência do processo eleitoral, todos os dados deveriam ser disponibilizados antes do pleito para que tenham um impacto efetivo. A definição do período ideal para o lançamento desses dados enseja um debate pormenorizado, garantindo um prazo suficiente para análises e debates públicos, mas que também garanta o máximo de atualização dos valores.

Conclusão

A questão do financiamento privado de campanha carece de uma reforma estrutural, conforme proposto em outro artigo deste mesmo livro. No entanto, até que isso aconteça, é preciso avançar nas práticas de transparência das contas das candidaturas eleitorais, não só em nome do fortalecimento da democracia, mas também para que o Brasil se posicione como referência mundial em termos de boas práticas de transparência e responsabilidade pública.

O cronograma de prestação de contas ainda não considera o valor que o acesso a tais informações pode ter tanto para os cidadãos quanto para a democracia, priorizando atender os mecanismos tradicionais do Judiciário: Justiça Eleitoral, comitês e candidatos com foco no processo de fiscalização das contas eleitorais. O eleitor, por sua vez, fica sem uma informação importante para tomar a decisão sobre seu voto antes do pleito e, desta forma, todo o processo eleitoral é prejudicado.

A proposta é que a Justiça Eleitoral observe o eleitor como parte interessada nas informações acerca das contas eleitorais dos candidatos e assim enquadre suas práticas de divulgação sob a Lei de Acesso à Informação e os princípios de dados abertos.

A exigência de mais um relatório parcial de prestação de contas poucos dias antes do pleito ou mesmo a prestação de contas em tempo real, viabilizada pelas atuais tecnologias de informação e comunicação, simbolizaria não só um passo importante na consolidação das práticas de transparência como também a garantia do acesso a informações mais atualizadas e, espera-se, um voto mais informado.

Agradeço a contribuição generosa de Jamila Venturini, Pedro Mizukami, Jhéssica Reia e Waldo Ramalho, pesquisadores do Centro de Tecnologia e Sociedade da FGV Direito Rio.

Notas

1. Disponível em: <http://www.atlaspolitico.com.br>. Acesso em 17/03/15.
2. O objetivo da medida liminar é assegurar um direito que pode, ou não, ser reconhecido ao final em sentença.
3. Lei 9.504/97, artigo 28, §4º.
4. Disponível em < http://www.excelencias.org.br>. Acesso em 17/03/15.
5. Disponível em: <http://www.tse.jus.br/noticias-tse/2012/Agosto/pela-primeira-vez-eleitores-podem-consultar-lista-de-doadores-antes-das-eleicoes>. Acesso em 17/03/15.
6. Lei nº 12.527/2011 [LAI], artigo 2º, parágrafo único.
7. Em cumprimento do disposto no artigo 28, §4º, da Lei nº 9.504/97.
8. Levantamento realizado para este artigo utilizando os dados disponíveis no site do TSE. Disponível em: <http://www.tse.jus.br/eleicoes/estatisticas/repositorio-de-dados-eleitorais>. Acesso em 3/03/15.
9. Disponível em: <http://allaregreen.us/>. Acesso em 17/03/15.
10. Disponível em: <https://www.thunderclap.it/projects/16210-quem-banca-os-pol-ticos?locale=en >. Acesso em 17/03/15.
11. Disponível em: <http://www.projetobrasil.org/#!/>. Acesso em 17/03/15.
12. Disponível em: <http://estadaodados.com/eles_elegem/#>. Acesso em 17/03/15.
13. MACEDO, V. R. "A Dimensão Internacional da Consolidação da Democracia no Brasil — Um Estudo de Caso sobre a Promoção da Transparência enquanto Norma Democrática". In: IX Encontro da Associação Brasileira de Ciência Política, 2014. Brasília: *Anais Eletrônicos do IX Encontro da Associação Brasileira de Ciência Política*, 2014.
14. O Right to Information Rating avalia a qualidade das leis de acesso à informação com base em 61 indicadores, como, o escopo de abrangência da lei, os procedimentos de solicitação de informação, as exceções e recusas de informação, sanções e proteções, entre outros. Disponível em: <http://www.rti-rating.org/>. Acesso em 28/02/15.
15. Programa de Transparência Pública da Ebape em parceria com o CTS da FGV Direito Rio. Disponível em: <http://transparencyaudit.net/>. Acesso em 23/03/15.
16. O primeiro objetivo das avaliações foi verificar se as entidades públicas estão respondendo a pedidos de acesso à informação (taxa de resposta) e se as respostas recebidas abordaram, efetivamente e com precisão, o que foi solicitado (taxa de precisão).
17. Disponível em: <http://dados.gov.br>. Acesso em 23/03/15.

18. Disponível em: <http://dados.gov.br/dados-abertos/>. Acesso em 10/03/15.
19. O decreto que institui o Plano Nacional de Governo Aberto não define a característica dos dados. Disponível em: <http://www.planalto.gov.br/ccivil_03/_ato2011-2014/2011/dsn/dsn13117.htm>. Acesso em 10/03/15.

INTERMEZZO A hora de falar sobre eleições, candidatos e votos
Iuri Pitta

É a regra básica da comunicação: o emissor transmite uma mensagem ao receptor por meio de um código, e um dos fatores determinantes para o sucesso desse ato é a inexistência de ruídos, elementos que dificultam ou se tornam obstáculos a essa troca de informação. Isso vale para o recado de uma mãe ao filho, para um texto escrito em relação a seus leitores, para o discurso de um político aos cidadãos, mais ainda quando este político está no papel de candidato, e os cidadãos, de eleitores. Estabelecer as condições e o código que garantam o sucesso dessa comunicação, sem ruídos entre os "emissores-candidatos" e os "receptores-eleitores", é uma das tarefas a que se destina a Justiça Eleitoral e que, apesar (ou por causa) da série de leis e resoluções que regulam o sistema, nem sempre é bem-sucedida. No intuito de promover o ambiente mais isonômico possível, com igualdade de condições entre os postulantes a um cargo eletivo, fixam-se regras que minam um dos pilares essenciais da democracia: o direito à informação e ao conhecimento por parte dos cidadãos.

A leitura simplificada que se faz da comunicação entre um "emissor-candidato" e um "receptor-eleitor" é o pedido de voto. O objetivo da mensagem transmitida no processo eleitoral é: "Vote em mim." Partindo dessa premissa, a legislação brasileira determina um calendário eleitoral para cada biênio — os chamados anos pares, em que são realizados os pleitos gerais e municipais alternadamente — pelo qual estabelece prazos e cronogramas para o processo como um todo. Nessa série de datas, destaca-se o dia em que os políticos postulantes a um cargo eletivo podem emitir sua mensagem primordial e dizer aos cidadãos: "Votem em mim."

Pela legislação vigente, só é permitido fazer campanha oficial — isto é, pedir votos — nos três meses anteriores à realização do primeiro turno das eleições gerais ou municipais, de modo a se buscar oferecer isonomia entre todos os candidatos, incluindo os ocupantes de cargo no Poder Executivo com direito à reeleição. A ideia é que todos os concorrentes estejam alinhados em um mesmo ponto de partida. No entanto, a experiência dos trinta anos de redemocratização do Brasil, e em especial dos últimos dezoito anos em que a Constituição Federal passou a permitir um segundo mandato consecutivo a presidentes da República, governadores e prefeitos, tem mostrado pouca eficácia das normas que tentam colocar os candidatos nessa mesma linha de partida. O noticiário político deixa claro o que está nas entrelinhas das práticas dos agentes públicos quando se trata de conquistar eleitores. No dia a dia da política partidária, a mensagem "Vote em mim" é transmitida por muitos outros códigos e muito antes da largada pretendida pela Justiça Eleitoral.

Exemplos recentes ilustram o quanto o pedido de voto é mais sutil do que a interpretação literal das regras eleitorais faz parecer. Reeleito em 2006, o então presidente Luiz Inácio Lula da Silva começou o segundo mandato na busca por quem apoiar para sua sucessão em 2010. Em 2007, passou a trabalhar nos bastidores pela escolha de uma neófita em disputas nas urnas: Dilma Rousseff, então ministra da Casa Civil cuja trajetória política estava mais ligada ao brizolismo que ao petismo. Dentro do PT, a hipótese de Dilma concorrer ao mais importante cargo político do país circulou inicialmente mais com ceticismo que com entusiasmo. Primeiro, Lula incumbiu Dilma de anunciar no fim de 2007 a descoberta do pré-sal, que garantiria a autossuficiência do país na produção de petróleo. Depois, em março de 2008, sem um único pedido de voto *stricto sensu*, Lula deu o sinal mais claro de sua escolha, em um evento oficial da Presidência no Rio de Janeiro. Ao inaugurar um pacote de obras de saneamento e habitação no Complexo do Alemão, na zona norte da capital fluminense, o presidente da República puxou para próximo de si a ministra da Casa Civil e a apresentou ao público estimado pela Polícia Militar em sete mil pessoas como "mãe do PAC", o Programa de Aceleração do Crescimento.

Apesar disso, Dilma mantinha a postura de negar aos jornalistas ser candidata à Presidência da República. Pesquisas de intenção de voto dessa época apontavam a então ministra da Casa Civil com 2 a 3% da preferência do eleitorado. Traçada a estratégia do governo e do partido para aumentar a exposição de Dilma em eventos públicos oficiais, associada à maior atenção dada pelos meios de comunicação à "herdeira política" de Lula e ao maior interesse da classe política e da sociedade, a ministra da Casa Civil deixou a pasta no prazo exigido pela Justiça Eleitoral para desincompatibilização de cargos públicos ainda menos conhecida entre os eleitores que seu principal adversário, o então governador de São Paulo e ex-candidato à Presidência José Serra, mas em nível comparável ao ex--ministro, ex-governador do Ceará e também ex-candidato à Presidência Ciro Gomes. Em pesquisa Ibope divulgada em 18 de abril, o percentual de eleitores que diziam "conhecer bem" ou "conhecer mais ou menos" a petista somava 47% dos entrevistados pelo instituto. Para quem nunca havia disputado um cargo eletivo e havia ganho destaque na política nacional havia menos de cinco anos, eram índices satisfatórios: abaixo dos 76% do tucano, mas já melhores que os 44% de Ciro. Quanto aos índices de intenção de voto, segundo o Ibope, Dilma foi de 15% em setembro de 2009 a 30% em março de 2010, sem um único pedido de voto *stricto sensu*. A estratégia, como sabemos, se mostrou eficiente e vitoriosa.

Nesse exemplo, o que se procura mostrar é que as regras do calendário eleitoral que buscam oferecer isonomia aos concorrentes enfrentam um desafio crucial: a inerente vantagem do grupo político que comanda o cargo eletivo em disputa, independentemente de o atual ocupante ser ou não candidato a um segundo mandato consecutivo. O mero estabelecimento de um cronograma e a ideia de se criar uma linha de partida para os candidatos serem autorizados a emitir a mensagem "Vote em mim" não é suficiente para a obtenção da isonomia pretendida no processo eleitoral. Some-se a isso uma característica observada por cientistas políticos em cinco eleições presidenciais consecutivas (1994, 1998, 2002, 2006 e 2010) como "qualunquismo" — a adesão do eleitorado mais pobre e carente do país ao governo do dia, seja ele qual for, conforme explicação dos cientistas políticos Claudio Couto, da Fundação Getulio Vargas (FGV-SP), e Marcus André Melo, da Universidade Federal de Pernambuco (UFPE) — e a igualdade de condições entre os postulantes em uma camada significativa da sociedade, não por acaso a com menos acesso à informação, fica ainda mais comprometida.[1]

Nesse contexto, qual a alternativa para os grupos políticos que não ocupam o cargo eletivo almejado? O caminho não é o mesmo que o de quem procura se manter no poder, mas a essência é bastante semelhante, e a meta, a mesma: cativar a atenção do "receptor-eleitor" sem caracterizar sua mensagem como um pedido de voto. Avancemos pouco mais de quatro anos em relação à agenda oficial promovida pela Presidência da República no Complexo do Alemão. O cenário agora é a capital federal, Brasília, e o evento em questão é promovido pelo principal partido de oposição ao governo petista, o PSDB, pouco mais de um mês após o segundo turno do pleito municipal de 2012, para reunir os prefeitos eleitos pela legenda. A principal figura pública tucana, o ex-presidente Fernando Henrique Cardoso, e o então presidente nacional do partido, o ex-senador e na época deputado federal por Pernambuco, Sérgio Guerra, lançam o nome do senador e ex-governador de Minas Gerais Aécio Neves para concorrer à Presidência dois anos depois.

Em seu discurso aos prefeitos eleitos pelos tucanos, Fernando Henrique afirmou que o correligionário não poderia ser chamado oficialmente de candidato à Presidência da República pelo PSDB por causa das restrições da Lei das Eleições. Por sua vez, ao comentar as declarações de apoio de FHC e Guerra à disputa pelo Palácio do Planalto, o neto de Tancredo Neves disse no mesmo evento que cumpriria seu "papel", mas não iria "queimar etapas", em uma mensagem voltada mais para o público intrapartidário que para os futuros eleitores. Aécio viria a ser escolhido primeiro presidente nacional do PSDB e ainda enfrentava resistência de parte dos tucanos de São Paulo mais ligados a José Serra.

Vencida a "etapa" interna, o senador mineiro assumiu o comando do partido em maio de 2013 e, na figura de "pré-candidato", deu início a uma série de viagens e entrevistas pelo Brasil a fim de se mostrar como um postulante à Presidência da República, ainda que não pudesse pedir um voto sequer para esse fim. Ao contrário da situação de Dilma em 2010, que precisava usar o período anterior à campanha oficial para aumentar seu índice de conhecimento entre o eleitorado, Aécio já era conhecido por 78% dos entrevistados pelo Ibope em outubro de 2013. Dessa forma, a estratégia do tucano consistia em mostrar que, desta vez, era ele o candidato do campo oposicionista. Com a planejada candidatura do então governador de Pernambuco, Eduardo Campos, posteriormente substituído pela ex-ministra e ex-senadora Marina Silva, colocar-se como contraponto ao PT se mostrou crucial para a viabilidade da candidatura de Aécio, tão ou mais importante que qualquer pedido de voto *stricto sensu*.

O que mostram essas duas situações, envolvendo os dois partidos protagonistas das seis mais recentes eleições presidenciais brasileiras, é que as regras do calendário eleitoral, mais que promover a isonomia entre concorrentes de uma mesma disputa por votos nas urnas, estimulam um discurso dissimulado por parte dos agentes políticos, sejam eles ocupantes ou não de um cargo público, que se torna um ruído na comunicação entre esses políticos e os cidadãos. Ainda que a legislação não restrinja declarações públicas de "pré-candidatos" sobre a situação do país, de um estado ou de um município, a cultura de limitar a campanha eleitoral ao período em que se pede voto nos três meses anteriores à votação em si se mostra ineficaz em seu objetivo inicial e incoerente com as demais normas que regulam o processo como um todo, como será mostrado a seguir.

Já foi abordado *en passant* nesse texto que a Justiça Eleitoral estabelece um calendário próprio a cada biênio, um cronograma de prazos que tem como base a realização do primeiro turno do pleito. Na verdade, pela atual legislação, os partidos políticos começam o processo eleitoral em outubro do ano anterior à votação, prazo para filiação de quem quer sair candidato. Depois disso, no mês de janeiro subsequente, são obrigados a criar contas bancárias específicas para custear despesas relacionadas à campanha eleitoral, ainda que a campanha em si, os comitês de seus candidatos e os concorrentes propriamente ditos só possam registrar as respectivas pessoas jurídicas na Receita Federal cerca de sete meses depois.

Em paralelo, todo instituto de pesquisa, a partir de 1º de janeiro de um ano em que serão realizadas eleições, é obrigado a registrar seu levantamento com antecedência mínima de cinco dias para eventual divulgação dos resultados. Cria-se, com isso, a peculiar situação em que um partido sabe que terá gastos com um candidato, cujo nome é levado a uma parcela de eleitores como candidato a um cargo eletivo em disputa no subsequente mês de outubro pelos entrevistadores de um instituto de pesquisa, mas o político precisa medir suas palavras ao se dirigir a potenciais eleitores, sob o risco de "pedir voto" antes da data permitida pela legislação eleitoral.

Por outro lado, não se pode deixar de lembrar que, apesar da rigidez das normas e do cronograma estabelecido pela Justiça Eleitoral, são recorrentes os casos em que pré-candidatos em busca de maior conhecimento entre os votantes encontram brechas nas próprias regras do processo. Exemplo maior disso é a propaganda gratuita da qual os partidos políticos podem fazer uso fora do período de campanha eleitoral, isto é, nos anos ímpares e no primeiro semestre dos anos pares. A legislação determina que essa propaganda gratuita, transmitida por rádio e televisão, será destinada "com exclusividade" a finalidades como "difundir os programas partidários"; "transmitir mensagens aos filiados sobre a execução do programa partidário"; "divulgar a posição do partido em relação a temas político-comunitários"; e "promover e difundir a participação política feminina". Ao mesmo tempo, é expressamente proibida "a participação de pessoa filiada a partido que não o responsável pelo programa" ou "a divulgação de propaganda de candidatos a cargos eletivos e a defesa de interesses pessoais ou de outros partidos".

Entretanto, não é simples nem estritamente objetiva a tarefa de diferenciar o que é "difusão dos programas partidários" e o que é "divulgação de propaganda de candidatos a cargos eletivos", como se apenas um pedido expresso de voto caracterizasse a segunda situação e configurasse a violação à regra. Cabe aqui citar um caso considerado legal, dentro das regras estabelecidas pela Justiça Eleitoral. Exibida no primeiro semestre de 2013, uma inserção de trinta segundos do PP em São Paulo começa com o presidente do diretório paulista, o então deputado federal, ex-prefeito e ex-governador Paulo Maluf, dizendo que "São Paulo já foi um estado seguro", porque "tinha a Rota na rua" e, nesse passado não determinado na propaganda gratuita, havia "policiais bem armados, estimulados pelo governo para combater o crime". A inserção se encerra com Maluf dizendo como o Partido Progressista combate a violência: "Bandido na cadeia, valorização da polícia e respeito com você e sua família." Pouco mais de um ano depois, com terno e cabelos mais escuros que na peça de 2013, o então deputado federal candidato à reeleição abre o bloco do PP na propaganda eleitoral gratuita perguntando ao espectador se "teríamos coragem de sair esta noite e dar uma volta no quarteirão". O comentário seguinte é: "No meu tempo tinha Rota na rua e bandido bom era bandido preso." A fala se encerra com outra frase recorrente do deputado: "Vote Maluf, 1111."

Comparando-se as duas gravações, a única diferença nas mensagens transmitidas por Maluf ao espectador é o pedido explícito de voto permitido pela Justiça Eleitoral no segundo vídeo, mas não no primeiro. As frases sobre "Rota na rua" e sobre o "bandido preso" ou "na cadeia" são slogans do veterano político, marcas registradas de sua figura pessoal, e não de seu partido como um todo. Essas afirmações, feitas com o modo de falar característico de Maluf, preservam ao longo de décadas a capacidade de angariar apoio político e, consequentemente, votos. Mesmo com a candidatura indeferida pelo Tribunal Regional Eleitoral de São Paulo menos de um mês antes da votação de 2014, com base na Lei da Ficha Limpa, Maluf obteve 250.131 votos. É pouco mais da metade dos mais de 497 mil sufrágios obtidos quatro anos antes, mas ainda assim um volume suficiente para colocá-lo entre os dez candidatos a deputado federal mais bem votados no estado e que o conduziria ao terceiro mandato consecutivo na Câmara. Daí o questionamento se a simples restrição a um pedido explícito de voto no candidato é suficiente para configurar uma inserção como forma regular e dentro da lei de se "difundirem os programas partidários", e não como "divulgação de propaganda de candidatos a cargos eletivos" de forma dissimulada.

Esse e os demais questionamentos aqui colocados sobre as normas que buscam oferecer isonomia ao processo eleitoral não têm como objetivo propor campanhas políticas sem limites nem regras ou cronogramas. É fato que, para a própria realização da votação e para uma organização eficiente da Justiça Eleitoral e demais agentes e órgãos públicos envolvidos, se faz fundamental a determinação de datas e prazos para realização de convenções, inscrição de eleitores e de candidaturas e exibição da propaganda eleitoral assegurada aos partidos e postulantes a mandatos eletivos. A questão é se as atuais regras são eficazes na garantia das condições iguais entre os candidatos, na finalidade de colocar todos os concorrentes no mesmo ponto de partida no início da corrida eleitoral, ou se outras normas ou a eventual flexibilização desses limites não poderiam aprimorar o processo eleitoral, em especial no que diz respeito à informação do eleitor mesmo antes dos três meses de campanha oficial estabelecida pela lei. A simples proibição de uma figura pública se apresentar como candidato antes do dia em que se passa a permitir o pedido de voto soa como um ruído na comunicação entre políticos e cidadãos, uma característica fundamental e necessária de um regime democrático exercido em sua plenitude.

Nota

1. COUTO, Cláudio. "Refém do qualunquismo?". *O Estado de S. Paulo,* 26 de outubro de 2014, p. H16; MELO, Marcus André. "Lulismo ou 'qualunquismo'?". *Valor Econômico,* 15 de janeiro de 2014, Caderno Política. Disponível também em: <http://qualidadedademocracia.com.br/2014/01/31/lulismo-ou-qualunquismo/>. Acesso em 02/06/2015.

11. Liberdade de manifestação política e campanhas
É preciso atenção aos algoritmos
Ivar A.M. Hartmann

Espaço para publicar plataformas de campanha, fotos de candidatos e vídeos promocionais não é mais um bem escasso. Mas com a avalanche de informações, a atenção das pessoas — especialmente durante as eleições — passa a sê-lo. E duas grandes empresas concentram praticamente todo o poder de direcionar a atenção dos internautas: o Google, para a internet como um todo, e o Facebook, para a vida social on-line. Algumas coisas são colocadas em evidência, enquanto outras não ganham destaque nem sequer são mostradas. Os critérios que determinam qual destino terá cada site ou post, entretanto, não são revelados. Ainda assim, esses algoritmos secretos e em constante mutação influenciam profundamente os rumos do acesso à informação e da opinião pública das democracias ocidentais, durante as eleições ou em qualquer outra época do ano. A questão não pode mais ser ignorada, pois mesmo um detalhe nesses mecanismos já tem um impacto crucial. É preciso estudar, discutir e pensar os algoritmos de *players* que na prática atuam como administradores da nova escassez e, consequentemente, como gestores do conteúdo da internet.

Os meios de comunicação em massa estão umbilicalmente ligados à escassez. A realidade inescapável é que cada um dos bilhões de habitantes do planeta não pode trocar informações ao mesmo tempo com todos os demais. Escolhas são necessárias. Sempre foram. E uma das tantas reviravoltas produzidas pela internet na sociedade mostra que as escolhas sobre a informação agora são completamente diferentes daquelas de vinte anos atrás. Tornar a informação gratuita, por incrível que pareça, não resolve o problema da escassez. Achar as novas e necessárias soluções para o eterno problema da escolha de quem comunica para quem é um dos mais difíceis e, ao mesmo tempo, vitais desafios que o século XXI nos lança.

Gutenberg não poderia prever o impacto da prensa na história da humanidade, mas certamente compreendeu desde o início o significado da escassez. Ao produzir livros, jornais, panfletos, em grande quantidade, o alemão tirou do papel a mídia de massa. Sua invenção acenava com possibilidades impensáveis. E superou todas as expectativas possíveis: corroeu governos, abalou nações e alterou o curso de religiões. O limite não era o céu — antes dele vinha a imperdoável escassez. Cada livro tinha um custo alto. Um jornal não podia publicar dois textos no mesmo espaço. Um panfleto trazia por trás duras escolhas sobre como preencher sua limitada superfície. Centenas de milhões de pessoas produzindo seu próprio panfleto para entregar ao próximo era utópico.

As sociedades, os mercados e as regras jurídicas se conformaram com isso. Os moradores de determinada região ou país tinham acesso apenas a um número limitado de veículos de imprensa. Isso tornava cada veículo mais conhecido e reconhecido, mais lido do que se fosse obrigado a competir com centenas de milhares e, justamente por tudo isso, mais influente. As pessoas e entidades responsáveis por produzir e circular informação após o advento da prensa passaram a ter um papel mais significativo na sociedade do que seus equivalentes até ali.

As regras do mercado sobre a mídia de massa se consolidaram de forma previsível. A escassez significou baixa ou limitada oferta mesmo quando a demanda nunca parou de crescer. O custo de planejar, produzir e checar conteúdo informacional — notícias, ficção, artigos científicos — era significativo, mas o custo de colocar esse conteúdo no papel e distribuí-lo sempre foi maior. Sempre houve milhares de repórteres para um jornal. Milhares de literatos para uma editora. Milhares de cientistas para um *journal*. A barreira de entrada no grupo de *players* capazes de imprimir e distribuir conteúdo sempre foi altíssima, mantendo tal grupo seleto e concentrado.

O mais liberal economista é o primeiro a alertar que mercados com barreiras de entrada desproporcionalmente altas não funcionam bem. Por mais poderosas que tais empresas sejam, a escassez significa que precisam alavancar quantidade alta de recursos para manter o processo de veiculação e distribuição. O Estado pode e muitas vezes precisa contribuir para o custeio disso. Mesmo na terra do liberalismo econômico o mercado de jornais impressos só saiu do chão graças ao Estado — os correios norte-americanos subsidiaram a distribuição dos exemplares durante muito tempo. Mas o financiamento não pode ser inteiramente público. Alguém precisa pagar.

O usuário final está disposto a pagar um pouco para consumir o conteúdo. Mas outras empresas estão dispostas a pagar muito mais para consumir o usuário final. Na evolução dos meios de comunicação de massa, o modelo de financiamento centrou-se já muito cedo na propaganda. O porte desses meios foi determinado pelo volume de recursos arrecadados com a propaganda e não pelo (consideravelmente inferior) volume de recursos arrecadados junto aos leitores. Perder a segunda fonte é ruim, mas é a primeira que realmente viabiliza todo o negócio. Formaram-se gigantes da comunicação, alicerçados pelo dinheiro da propaganda e com pouca concorrência.

E o Direito refletiu isso. Mercados concentrados requerem regras específicas e especiais. Os membros do seleto grupo acumulavam poder de informação virtualmente total. Se veiculavam uma informação, ela tornava-se a verdade. Se não a veiculavam, ela não existia. Pessoas poderosas sabiam a importância estratégica disso para garantir que seu poder não corresse riscos. Leis restringindo ou amordaçando a imprensa eram produto inevitável desse contexto. Esse é motivo pelo qual (mesmo hoje) os primeiros opositores da descriminalização da difamação e calúnia são aqueles que exercem cargo eleito. O maior problema do Brasil contemporâneo, o "dano moral por ofensa à honra" reconhecido a torto e a direito pelos juízes, tem seu gérmen nas regras criadas para tentar equalizar a disparidade entre um jornal e um cidadão comum. Se ambos podem falar tudo o que quiserem, o cidadão será aniquilado. Audiência é tudo e custa muito caro.

Uma das soluções — muito melhor do que a censura — foi o direito de resposta. Um produto jurídico natural de um mercado concentrado, em uma sociedade na qual o que é veiculado pela imprensa torna-se a verdade. O cidadão comum não tem capacidade financeira para fazer-se lido pelo mesmo número de pessoas que o jornal, então o Estado obriga o jornal a ceder seu espaço. Nada simples de operacionalizar, porque obriga o Judiciário a fazer escolhas editoriais. Em qual página? Com qual fonte? Com ou sem foto? Quando entra nessas minúcias, o Estado acaba tomando para si o papel de comunicador. E isso é um problema sem conserto. Mais: há sempre o risco de um jornal evitar publicar algo legítimo por medo de perder espaço mais tarde com o uso do direito de resposta por parte de algum insatisfeito.

É importante perceber que nesse período da história as respostas dadas pelo direito estavam relacionadas à produção da informação, à maneira como os escassos espaços eram ocupados. O foco era a fonte. A maneira como cada cidadão, potencial leitor, reagiria ao que sobrasse do filtro da regulação não era passível de controle.

Pouco mudou com a introdução da radiodifusão. Os novos meios de massa agregavam mais um componente relevante de escassez: espectro. Transmitir informação no ar exige ocupar um determinado espaço da banda eletromagnética. A tecnologia de então não permitia o uso simultâneo de uma mesma banda desse espectro. Logo há que organizar, escolher e fiscalizar quem irá ocupar cada porção disponível e o Estado não tardou a assumir essa função. A grande diferença da escassez do *broadcast* de rádio e televisão versus aquela da difusão de jornais, livros e revistas é que na primeira o governo regula diretamente. São vendidas licenças para uso das porções disponíveis do espectro. O dono de um jornal não precisa, em democracias estáveis, adquirir licença para imprimir. Para alguns, essa diferença importa para as regras jurídicas sobre conteúdo e manifestação do pensamento. Mas não é preciso grande esforço para perceber que as limitações centrais vêm da escassez refletida no funcionamento do mercado. O custo para comprar licenças e operar um canal de televisão é alto e seria alto ainda que uma entidade privada administrasse a venda das licenças. O custo para imprimir e distribuir um jornal é alto.

Há uma relação simbiótica muito importante para a história dos meios de comunicação em massa, um acordo de interesses extremamente difícil de ser enfraquecido. Por trás da regulação desses meios há pessoas que periodicamente dependem totalmente deles. As eleições como as conhecemos há quase um século são inteiramente baseadas no uso de jornais, rádios e televisões. Espaço é crucial. Perder audiência é fatal. O papel central desempenhado pelos meios de comunicação em massa no processo eleitoral é, portanto, algo instintivo para os ocupantes de cargo eleito. Isso dá a eles forte incentivo para não perturbar os interesses dessas empresas. Elas, por sua vez, compreendem bem que também são vulneráveis na medida em que são esses mesmos ocupantes de cargo eleito que fazem e alteram as regras sobre imprensa, concessões de espectro, difamação. O horário político já causa prejuízo significativo para as emissoras, mas poderia, por exemplo, ser ampliado em meia hora. O risco, portanto, é permanente. Mas as campanhas também são boas fontes de recursos. Os candidatos estão dispostos a pagar pela propaganda e assim virar clientes dos meios de comunicação. E todos sabem que o cliente sempre tem razão.

Esses e outros fatores entrelaçam o destino dos meios de comunicação em massa àquele dos candidatos em campanha política. A dependência mútua é tão grande que políticos acabam por controlar grupos de radiodifusão, tornando imprescindível a regulação da propriedade desse tipo de empresa por políticos. Mas, como sempre, quem configura essas regras são os próprios políticos.

Do ponto de vista do que de fato é escrito e dito nesses meios durante as campanhas eleitorais, a realidade é a mais perfeita concretização da linda selvageria que constitui o debate político. Não se faz democracia sem ofender os interesses e egos de opositores, e a transparência adequada para isso pede sempre uma audiência. A manifestação de opinião — elogiosa ou ofensiva — sobre candidatos e suas ideias é indiscutivelmente o núcleo duro da garantia de liberdade de expressão presente em constituições modernas. Justamente pela ambiguidade intrínseca a tais manifestações, em países como os Estados Unidos elas são as mais bem guardadas contra censura. Compreendeu-se relativamente cedo que o Estado não tem capacidade ou legitimidade para atuar como árbitro do discurso sobre o próprio Estado. Paradoxalmente, no Brasil busca-se a solução oposta: regular a manifestação política ainda mais que outras, dada sua importância para a sociedade.

Um dos elementos fundamentais desse controle tem sido precisamente a escassez. Uma adulação ou acusação passa a ter peso quando ocupam um espaço limitado e, exatamente por isso, acessível a poucos. Sempre prevalece o argumento do dano que algo dito no precioso tempo de ar em um dos poucos canais de televisão pode trazer a um candidato. Este jamais terá o poder de se fazer ouvir no mesmo nível. Não tem os recursos de uma *Folha de S.Paulo*. Não tem concessões de transmissão de uma Globo. Está em total inferioridade — a não ser que o Estado o ajude.

Para a manifestação política ou a expressão em geral a superfície do jornal, livro ou revista é limitada. Duas frases não podem ser escritas no mesmo pedaço de papel. No *broadcast* o problema é fundamentalmente igual. Duas frases não podem ser ditas no mesmo intervalo de tempo.

A escassez na comunicação em massa é uma escassez de espaço. Decorre da dificuldade de veicular, pois cada pedaço de papel e cada segundo são disputados porque valiosos. E valiosos porque disputados.

A reviravolta está em que hoje o espaço não é escasso. As páginas de internet não são disputadas — custam praticamente nada a quem quer veicular.

Isso muda tudo. Sem a escassez o custo cai. Se o custo cai, a barreira de entrada no mercado some. Mais do que isso, se o custo é próximo de zero, nem sequer há mercado. Os jornais tradicionais enfrentam nos últimos quinze anos a pior crise da história. Salas de edição ficam cada vez menores. Há milhares de fontes de notícias gratuitas on-line e cada vez menos pessoas estão dispostas a pagar por um exemplar matutino. O número de leitores diminui e com isso diminui o valor do espaço para os anunciantes. Disso resulta que empresas gastam cada vez menos com propaganda em jornais. O sistema de financiamento que funcionava perfeitamente agora está em ruínas. A grande maioria dos jornais que existia em 2000 estará falida em 2025.

Assim que a capacidade técnica da infraestrutura de internet ficou avançada o suficiente para permitir a transmissão rotineira de vídeos, o modelo de negócios das televisões — e antes disso também das rádios — tornou-se obsoleto. O consumidor não se contenta em esperar passivo a volta do seriado ou filme após os comerciais, porque na internet é possível baixar ou acessar por *streaming* sem os comerciais. Se os comerciais não têm audiência ca(p)tiva, então não há dinheiro a ser pago às emissoras pelos anunciantes. Elas já sabem disso há algum tempo e começam a fazer a transição para a internet. A partir de 2015, a programação da HBO poderá ser acessada exclusivamente pela internet por aqueles que assim o desejarem, sem a necessidade de pagar pela assinatura do canal na televisão.

O pouco que resta hoje do papel tradicional desempenhado pelos meios de comunicação em massa é meramente transitório. Todos terão como plataforma a internet.

Em vez de centenas de milhares de jornais, bilhões de páginas na internet. Em lugar de ouvir o que alguns âncoras de telejornais têm a dizer, podemos ouvir o que centenas de milhões de usuários do Facebook têm a dizer. A escassez de espaço acabou. Mas é mais do que isso, pois a situação agora é o reverso: há uma quantidade infindável de informação. Com isso, há um novo problema, relacionado à dificuldade de separar o joio do trigo, de se encontrar a informação útil e necessária e descartar ou ignorar a informação não confiável e excessiva, irrelevante. Uma nova escassez surge: escassez de atenção. Com tanta informação sendo acessada, um segundo de atenção completa de um usuário é muito mais difícil de conquistar do que era no início dos anos 1990. Há pelo menos duas grandes implicações disso para a comunicação na esfera pública e para a manifestação política, especialmente em campanhas eleitorais.

A primeira está relacionada aos novos modelos de mediação da comunicação e seus respectivos modelos de negócio. Em um contexto de quantidade ilimitada de informação em quantidade ilimitada de páginas o serviço valioso não é mais o espaço para a manifestação, mas sim a filtragem. Esse é o serviço prestado por buscadores. Um internauta não dá valor a bilhões de páginas desorganizadas, mas dá muito valor a quem pode organizá-las e apontar o que de fato é relevante em um determinado momento, para um determinado propósito. Não é difícil compreender por que o Google tornou-se uma das maiores empresas dessa geração.

Os resultados de uma busca no Google refletem uma filtragem segundo critérios de relevância alheios à influência (ao menos direta) do poder econômico do responsável por cada página da web. Mas há um custo para desenvolver o software com tais critérios, constantemente aprimorá-lo e permitir que ele responda mais de três bilhões de consultas por dia. A empresa poderia cobrar a cada busca ou oferecer assinaturas mensais pagas que permitam um número ilimitado de buscas. Mas o sistema de financiamento através da veiculação de propaganda desenvolveu-se ao longo de décadas como uma fonte de recursos muito mais eficaz. O produto é, portanto, a atenção dos usuários do Google.

Nos anúncios que são exibidos na página com os resultados de uma busca há uma oportunidade de comprar atenção, independentemente de mérito do website do anunciante segundo o critério de relevância do mecanismo de busca do Google. Esse atalho é extremamente valioso, pois se trata de um outdoor com três bilhões de visualizações por dia. Mais importante ainda: ao contrário do locador de espaço em um outdoor, o Google sabe muito bem o perfil de cada espectador. Um australiano não verá no outdoor uma propaganda para um carro vendido na Alemanha. Um idoso não verá uma propaganda do novo console de videogame. Quem buscou por "cursos de longa distância" verá propagandas de instituições de ensino e não de refrigerantes. A propaganda direcionada é infinitamente mais valiosa para o anunciante e, portanto, uma fonte maior de recursos para o Google.

Quando havia uma escassez de espaço o poder econômico permitia garantir espaço pagando por ele. Agora que há uma escassez de atenção, o poder econômico permite garantir atenção dos usuários pagando por ela.

Isso vale para o espaço da internet aberta, mas o tempo de navegação dos internautas tem nas redes sociais uma fatia enorme e crescente. Para quem navega no Facebook para ver notícias que aparecem no feed de notícias os resultados de uma busca no Google são, ao menos naquele momento, irrelevantes. E no Facebook a mesma dinâmica se reproduz. Todos podem escrever, postar fotos ou vídeos o quanto quiserem na rede social. O espaço não é escasso e, portanto, não pode ser vendido. Mas a empresa precisa ter um modelo de negócios e sua fonte de recursos foi também estabelecida nos moldes daquela do Google. Ao invés de cobrar mensalidade dos usuários, a rede social tira proveito da escassez de atenção.

Apenas em torno de 6% daquilo que os amigos de um usuário postam aparecem no feed desse usuário. O mesmo vale para as páginas — inclusive comerciais — que ele escolhe seguir. O interesse do usuário é ver tudo que é manifestado por aquelas pessoas ou entidades que ele decidiu seguir. Mas o Facebook cria uma escassez artificial ao "selecionar" ou "filtrar" os outros 94% de posts. Se uma empresa sabe que seu post tem apenas 6% de chance de ser visto por consumidores que ativamente escolheram seguir sua página na rede social, ela terá um incentivo para pagar para não ser filtrada.

O poder econômico volta a ter peso, como não poderia deixar de ser em uma sociedade capitalista. Isso significa que o sonho trazido pela internet da liberdade de expressão sem custo precisa ser revisto. Mais especificamente, isso significa que candidatos e partidos políticos têm um forte incentivo para continuar com seus destinos entrelaçados aos meios de comunicação. Os meios são outros, os atores são diferentes e a escassez agora é outra. Mas a manifestação política em campanhas continua tendo custo financeiro. Iniciativas como a do legislador brasileiro de proibir a propaganda política paga na internet logo serão percebidas pelo próprio legislador e candidato como um grande obstáculo.

A única maneira de viabilizar o descolamento (de qualquer maneira, apenas gradual) entre poder econômico e poder informativo é garantir a neutralidade da rede. Com isso, há alguma chance, desde que as pessoas não utilizem todo o seu tempo on-line em plataformas altamente editadas como o Facebook.

Uma segunda grande implicação está relacionada aos critérios e processos de filtragem e classificação. O Google emprega um algoritmo que faz escolhas entre páginas da internet. O Facebook emprega um algoritmo que faz escolhas entre post da rede social. O tempo de navegação da maior parte dos internautas no mundo ocidental é composto preponderantemente pelo acesso a páginas encontradas em buscas no Google e pela visualização do seu feed de atualizações no Facebook. Uma porção decisiva das comunicações na internet é afetada de maneira crucial por esses dois algoritmos, portanto. E eles são secretos. Não sabemos se são neutros. Se realmente privilegiam "relevância" da página ou do post para o usuário. Não temos acesso ao conjunto de regras que compõem esses algoritmos, o código fonte.

Por outro lado, não necessariamente é possível dar transparência a eles — fazem parte dos segredos comerciais dessas empresas e precisam ser protegidos. Mais ainda: se o Google publicasse todo o código de seu algoritmo de buscas, qualquer um poderia estudá-lo e encontrar meios de burlar a classificação por relevância, garantindo que sua página fosse sempre a primeira colocada nos resultados de buscas. E isso mesmo que ela fosse composta inteiramente de lixo eletrônico.

Esses dois algoritmos hoje — e os de outros concorrentes que substituírem essas empresas na liderança de seus mercados no futuro — influenciam profundamente os rumos da opinião pública das democracias ocidentais. Isso é especialmente preocupante durante campanhas eleitorais. A manifestação política de candidatos, partidos e eleitores passa por esses filtros. Não temos como saber se eles são operados de maneira igualitária, sem privilegiar determinadas posições políticas ou até mesmo determinados candidatos. Como empresas privadas, nem está totalmente claro se Google e Facebook têm obrigação legal de garantir que seus algoritmos de filtragem sejam politicamente neutros.

Empresas também podem manifestar opinião política e tomar posição. O que está claro é que os benefícios e riscos da comunicação mediada pelas grandes empresas da internet já são tão grandes quanto aqueles dos meios de comunicação em massa. E em poucos anos serão infinitamente maiores.

A transição descrita é sempre gradual. O surgimento dos novos problemas descritos e o desaparecimento dos meios de comunicação em massa estão em diferentes estágios de progresso em países diferentes. Tudo depende do quão perto cada sociedade está daquilo que Manuel Castells chamou de uma sociedade-rede. O nível de penetração da internet banda larga e móvel é um fator central nessa trajetória. Embora ainda não possa ser considerada uma sociedade-rede plena, a sociedade brasileira já vivencia os sinais dessa mudança. Na eleição de 2014 os partidos e candidatos gastaram valores recordes em litigância para tirar conteúdo da internet. Durante os debates presidenciais os candidatos se referiam a páginas da internet, sugerindo que o eleitor as acessasse na hora.

A comunicação durante as campanhas políticas é fundamentalmente diferente. Os riscos à liberdade de expressão e ao debate em condições igualitárias de alcance a eleitores têm agora elementos e problemas novos. A regulação precisa ser revista, em alguns aspectos precisa ser reforçada, e em outros, redirecionada. A influência dos algoritmos de grandes plataformas privadas mediadoras da experiência on-line e da manifestação de opinião política precisa ser estudada e, no mínimo, monitorada. Talvez sejam necessárias novas soluções inovadoras como transformar Google, Facebook e outras empresas responsáveis pelos algoritmos em depositários legais dos dados, como sugere Jonathan Zittrain.[1] Elas se comprometeriam, então, com responsabilidades especiais de sigilo e guarda de dados relativos à aplicação dos algoritmos, permitindo posterior fiscalização. Outra solução possível é a criação de novos tipos de órgãos reguladores, que tenham acesso sigiloso ao código fonte desses algoritmos e possam conhecer detalhes de suas regras, permitindo assim que haja algum controle de fiscalização. Essa seria uma função muito mais necessária e acertada para o Tribunal Superior

Eleitoral durante as eleições do que insistir em atuar como todo-poderoso e sábio gestor das manifestações de candidatos e partidos.

Mesmo o perfil e o tamanho do problema ainda não estão claros. Soluções concretas, então, levarão ainda mais tempo para aparecer. É justamente por isso que o mais importante no momento não é adotar qualquer opção regulatória, mas sim estudar. Os pesquisadores de áreas pertinentes, especialmente a computação e o direito, precisam investigar todos os efeitos — negativos e positivos — do emprego de algoritmos para gerir a visualização (escassa) de manifestações políticas durante eleições. Uma linha de código pode significar a vitória ou derrota de um candidato a presidente. Basta que determinada expressão, vídeo ou arquivo sofra um efeito adverso de regras possivelmente bem-intencionadas agregadas ao algoritmo. O Estado precisa apoiar, instituições de pesquisa precisam fomentar, a imprensa precisa difundir e a sociedade civil precisa avaliar estudos sobre as consequências de algoritmos usados por empresas como Google e Facebook no processo democrático, especialmente em períodos de eleição.

A filtragem e mediação do discurso político — em eleições e fora delas — trocou de mãos. Um meio revolucionário deu origem a novos *players* e novos problemas. De qualquer forma, algo permanece inalterado. A realidade inescapável é que cada um dos bilhões de habitantes do planeta não pode trocar informações ao mesmo tempo com todos os demais. Escolhas são necessárias. Sempre foram. Continuarão sendo à medida que a sociedade-rede sucede a época dos meios de comunicação de massa.

Nota

1. ZITTRAIN, Jonathan. "Facebook Could Decide an Election Without Anyone Ever Finding Out." New Republic, 1º de junho de 2014. Disponível em: <http://www.newrepublic.com/article/117878/information-fiduciary-solution-facebook-digital-gerrymandering>. Acesso: 10/05/15.

12. Sobre robôs e eleições
Pedro Nicoletti Mizukami

"A guerra suja na internet — robôs derrubam vídeo de Aécio Neves", diz uma chamada no site do diretório paulista do PSDB.[1] "5 mil robôs impulsionam candidato da oposição no Twitter", afirma o Muda Mais, um dos sites da campanha presidencial do PT, em referência a Eduardo Campos.[2] "Análise das redes sociais mostra que perfis falsos influenciaram discussão na web", relata matéria da *Folha de S.Paulo*[3] sobre o destaque atingido pela #SouAecioVoto45 durante um debate presidencial.

Um dos temas mais presentes nas eleições de 2014, em se tratando do uso da internet em campanhas, foi a troca de acusações, entre os candidatos, do uso malicioso de robôs — também chamados de *bots*, em derivação a *robots* — e perfis falsos para a manipulação do discurso político em redes sociais. A partir da automação em larga escala de atividades diversas — postagem de tuítes, retuítes, votos em enquetes, curtidas etc. — ou mesmo por meio da contratação dos serviços de *click farms*,[4] nas quais pessoas de carne e osso assumem o mesmo papel dos robôs, é possível fazer com que determinados conteúdos, mensagens e informações assumam posição de maior destaque e visibilidade nas redes.

Seja por meios automatizados, seja por ação humana, o objetivo desse tipo de intervenção é fazer com que os algoritmos que decidem o que constitui ou não conteúdo relevante amplifiquem e disseminem mensagens que beneficiem os planos de uma campanha política. Em alguns casos, atacando direta ou indiretamente os opositores. Em outros, afogando mensagens de apoio aos outros candidatos em um mar de menções positivas à própria campanha.

O impacto do uso de *bots* é ainda difícil de mensurar. Precisa ser analisado a partir de várias perspectivas e de acordo com a natureza da ação. Pode ser extremamente eficaz a curto prazo, mas menos relevante a médio e longo prazos. E se o artifício é detectado e exposto à opinião pública, pode sair pior do que a encomenda. Nem sempre quem fala mais alto — ou quem fala mais — ganha a discussão, assim como nem sempre uma mentira repetida mil vezes vira verdade. Ocorre, entretanto, que esse tipo de estratégia foi efetivamente adotada por algumas campanhas, e que acusações recíprocas de manipulação do debate político em rede têm sido um assunto recorrente, levantando uma série de questões que vão persistir e precisam ser enfrentadas.

Quais são as regras do jogo, em se tratando de comunicação política em rede e do arsenal tecnológico utilizado pelas campanhas? A esfera pública on-line é suficientemente vulnerável a manipulações a ponto de exigir ações corretivas por vias legais? Ou será que a solução deve ser estritamente tecnológica, algorítmica? De acordo com a legislação atual, quais as consequências para os candidatos que empregam *bots* e perfis falsos em suas campanhas?

O uso de *bots* em contextos políticos não é exclusividade brasileira nem surgiu, aqui, nas eleições de 2014. Esteve presente nas eleições presidenciais de 2012 no México[5] e na Coreia do Sul.[6] Nos EUA, em 2011, Mitt Romney foi acusado de inflar artificialmente seu número de seguidores no Twitter,[7] e Ron Paul, em 2007, de contratar uma *botnet* para enviar spam eleitoral.[8] Outros exemplos são fáceis de encontrar a partir de uma pesquisa no Google.

Dois casos, antes do início das eleições, pareciam anunciar que o tema surgiria com força no período eleitoral. De acordo com apuração do *Estadão*,[9] em 2013, na iminência da decisão sobre a admissibilidade dos embargos infringentes no julgamento do Mensalão, cerca de vinte mil perfis falsos foram utilizados para retuitar uma única mensagem, postada no dia anterior — "diga #NaoAosEmbargosInfringentes" —, acompanhada de um link para um vídeo no YouTube. De acordo com o levantamento, dos 23.846 retuítes, apenas três foram feitos por pessoas reais. Os perfis falsos haviam sido criados nos dias 13 ou 14 de setembro, usavam ditados populares no campo de descrição biográfica, não eram seguidos por outros usuários e tampouco seguiam outros perfis.

No início de 2014, uma enquete do Senado Federal sobre o tema da neutralidade de rede no âmbito do então projeto de lei do Marco Civil da Internet foi retirada do ar em razão de suspeita de votação automatizada por *bots*.[10] Um volume anormal de votos em curto período de tempo — cerca de oitocentos por minuto — motivou a decisão.

Iniciado o período eleitoral, os *bots* entraram de vez no repertório de temas dos candidatos. A campanha de Dilma Rousseff fez mais de quarenta posts mencionando robôs no site Muda Mais,[11] na maior parte das vezes lançando acusações a Aécio Neves. A chamada de um post de 25 de setembro de 2014 é bastante representativa: "Faltou militância: Aécio Neves e o feitiço da multiplicação de tuítes."[12] Em outras palavras: "quem tem militância espontânea não precisa pagar por militância robótica". Ou, transpondo para o jargão da publicidade digital: "quem tem alcance orgânico não precisa desembolsar recursos com alcance pago."

A campanha de Aécio Neves, por sua vez, também abraçou os *bots* como um assunto de primeira importância. Em caso amplamente noticiado, Aécio chegou a ajuizar ação contra o Twitter, pedindo os registros cadastrais e eletrônicos de 66 perfis. Conforme a petição inicial,[13] os perfis fariam parte de uma "rede virtual de disseminação de mentiras e ofensas" contra o candidato, responsável por "uma atuação orquestrada, quiçá paga, para detrair sua honra, nome e história". Lançou as hipóteses de que "a) há a utilização de *robots* nos perfis, que inserem conteúdos na rede de forma artificial; b) há pessoa ou um grupo de pessoas remunerada(o) para veicular conteúdos ilícitos na internet".

Entre os perfis mencionados, entretanto, havia o de várias pessoas reais e razoavelmente conhecidas, incluindo o do crítico de cinema Pablo Villaça e o do jornalista Paulo Nogueira.

De acordo com análises feitas pelo Laboratório de Estudos sobre Imagem e Cibercultura (Labic) da Ufes, ambas as campanhas, do PT e do PSDB, provavelmente foram beneficiadas por postagens feitas por robôs no Twitter. Entre 19h do dia 22 de outubro e 13h do dia 23, as *hashtags* #aecio45pelobrasil e #13brasiltodocomdilma foram objeto de atividade suspeita no Twitter, entrando nos *trending topics*.[14] O mesmo aconteceu com #SouAecioVoto45, durante o debate eleitoral do dia 28 de setembro.[15]

Já encerradas as eleições, documento interno e não assinado do governo, atribuído à Secretaria de Comunicação Social da Presidência da República, obtido pelo *Estadão*,[16] fez várias menções ao uso de *bots* ao analisar as estratégias de comunicação do governo e da campanha de Dilma Rousseff. De acordo com o texto:

> A partir de novembro, as redes sociais pró-Dilma foram murchando até serem quase extintas. Principal vetor de propagação do projeto dilmista nas redes, o site Muda Mais acabou. Os robôs que atuaram na campanha foram desligados e a movimentação dos candidatos do PT foi encerrada.[17]

Ao mesmo tempo que admitiu o uso de robôs, o documento também faz os seguintes comentários em relação à campanha do candidato adversário e de grupos contrários à campanha de Dilma:

> A tática do PSDB foi exatamente a oposta. Cerca de 50 robôs usados na campanha de Aécio continuaram a operar mesmo depois da derrota de outubro. Isso significou um fluxo contínuo de material anti-Dilma, alimentando os aecistas e insistindo na tese do maior escândalo de corrupção da história, do envolvimento pessoal de Dilma e Lula com a corrupção na Petrobras e na tese do estelionato eleitoral. Tudo com suporte avassalador da mídia tradicional.

SOBRE ROBÔS E ELEIÇÕES

Simultaneamente, a partir do final de janeiro, as páginas mais radicais contra o governo passaram a trabalhar com invejável profissionalismo, com uso de robôs e redes de WhatsApp.[18]

Em um ambiente discursivo possivelmente manipulado por robôs, a melhor recomendação parece ser a de desconfiar primeiro, então ler, e continuar desconfiando depois. Não é um conselho ruim, inclusive para fora da internet. Mas também pode contribuir para atitudes que paralisam o debate ao mesmo tempo que criam um clima de animosidade tóxica e pesada, conducente a paranoia e teorias conspiratórias. Talvez seja o momento de imaginar como evitar esse cenário.

É importante, antes de prosseguir na questão, chamar atenção para três pontos:

1) Não se deve confundir o uso abusivo de bots *com outros processos legítimos de automação em campanhas políticas*

De acordo com informações fornecidas pelo próprio Twitter em 2014, aproximadamente 23 milhões de seus então 271 milhões de usuários mensais ativos eram contas que faziam atualizações automáticas. Ou seja, cerca de 8,5% das contas que o Twitter considerava ativas no período eram atualizadas "sem qualquer ação discernível adicional iniciada pelo usuário".[19] Conforme o relatório anual de 2013 do Facebook, cerca de 2,1% dos usuários mensais ativos eram perfis falsos, não autorizados pelos termos de uso da rede social.[20]

É importante observar, entretanto, que nem todos os robôs são utilizados para fins espúrios. Os *bots* para Twitter — *twitterbots* — muitas vezes têm finalidades de serviço público, humorístico e artístico.[21] E mesmo os perfis falsos no Facebook podem existir por uma pluralidade de razões. Não são necessariamente criados para causar danos a terceiros.

Sistemas que facilitam adesão voluntária a tuitaços como o Thunderclap,[22] por exemplo, aplicativos oficiais de candidatos que retuítam mensagens de campanha nos perfis dos próprios eleitores, ou plataformas que facilitam a coleta de assinaturas ou votos para a sustentação de opiniões, não se encaixam na discussão que fazemos neste texto. Dependem de adesão do eleitorado, fazem parte do processo regular de comunicação on-line, e podem ser ferramentas úteis e importantes para a comunicação política. Pode parecer óbvio, mas é essencial separar as coisas.

2) Deve-se tomar cuidado para não confundir a ação em rede coordenada e voluntária, por parte de militantes de campanhas políticas, com a ação por robôs

Atuação em rede organizada faz parte do discurso democrático on-line, e desde que não haja remuneração por postagens ou replicação de conteúdo, não há motivos para considerar tais práticas deletérias.

Dois termos frequentemente contrapostos nos EUA em relação a movimentos e demandas políticas podem ser úteis aqui: *grassroots*, que remete à grama crescida naturalmente do chão; e AstroTurf, marca de grama artificial. Voltando ao linguajar de marketing digital indicado anteriormente: crescimento orgânico versus crescimento pago.

Entender e fomentar a atuação da militância on-line é do interesse de qualquer partido, e há maneiras legítimas e ilegítimas de se cumprir tal missão. Pagar por *bots* para artificialmente inserir uma *hashtag* nos *trending topics* do Twitter? Ilegítimo e ilegal, na medida em que for considerado publicidade eleitoral paga na internet. Convocar os militantes do partido para um tuitaço, definindo um horário para que uma *hashtag* seja replicada, com o mesmo objetivo de entrar nos *trending topics*? Perfeitamente legítimo, legal e esperado.

3) Entender a finalidade do uso de bots *e perfis falsos nos casos concretos é crucial para qualquer análise*

Ainda quando constatada a utilização de *bots*, é crucial ter em mente a finalidade do uso. Inflar o número de seguidores de determinado candidato? Espalhar boatos ofensivos a opositores? Auxiliar os militantes de um partido a tomarem conhecimento de eventos ou informações? O uso legítimo de ferramentas como os robôs deve ser diferenciado de usos que possam causar distorções no processo de comunicação eleitoral.

Utilizar *bots* pode, muitas vezes, levar à violação dos termos de uso das redes sociais, na medida em que determinados sistemas de automação ou a criação de contas múltiplas são usualmente proibidos pela mantenedora da plataforma.[23] Mas nem sempre o resultado da ação é proibido pela lei. Os casos claros em que a ação é proibida no Brasil são quando ela resultar em propaganda eleitoral paga na internet ou ofender a honra de um candidato. Demais disso, há ocasiões em que o uso de *bots* pode, muito bem, causar incômodo ou parecer desleal, mas na pior das hipóteses constitua apenas violação dos termos de uso da rede social.

Para que entendamos os problemas surgidos com o uso de *bots* temos que enfrentar, assim, dois problemas de fundo: a) o do abuso do poder econômico no contexto da propaganda eleitoral on-line, em todas as suas variedades; b) o dos crimes contra a honra, privacidade e liberdade de expressão na comunicação dinâmica, multidirecional e muitas vezes instantânea das redes sociais.

Prevê o art. 57-C, *caput*, da Lei das Eleições (Lei 9.504/97): "Na internet, é vedada a veiculação de qualquer tipo de propaganda eleitoral paga." A mesma lei também proíbe a publicidade eleitoral velada em seu art. 57-H, *caput*, sendo punido com "multa de R$ 5.000,00 (cinco mil reais) a R$ 30.000,00 (trinta mil reais), quem realizar propaganda eleitoral na internet, atribuindo indevidamente sua autoria a terceiro, inclusive a candidato, partido ou coligação".

Se o uso de robôs for pago e tiver como finalidade a veiculação de propaganda eleitoral, não há controvérsias: é proibido. Mas o que constitui, afinal, propaganda eleitoral na internet? Pagar para ter mais seguidores? Pagar para conferir maior visibilidade à data de realização de um comício? Fazer uma *hashtag* entrar nos *trending topics*? Publicar um link patrocinado para o programa de governo?

É aqui que os problemas costumam surgir. Em caso que não envolveu o uso de *bots*, Paulo Skaf representou contra Geraldo Alckmin por fazer uso de posts patrocinados no Facebook, e recebeu do TRE-SP a resposta de que as mensagens patrocinadas não constituíam, em si, propaganda eleitoral. Uma decisão em sentido contrário, todavia, seria igualmente fácil de justificar. E de fato ocorreu, em caso envolvendo Paulo Eugênio Pereira Júnior, candidato a deputado estadual pelo PT em São Paulo.[24]

Para eleições futuras é crucial promover um debate mais aprofundado sobre como funciona a publicidade eleitoral na internet, avaliando, principalmente, quais as modalidades de publicidade paga, que impactos elas podem ter, e em que medida são suscetíveis a abuso de poder econômico.

Sucessivas mudanças no algoritmo do Facebook para a visibilidade dos itens da *news feed* limitaram o alcance de conteúdo dos usuários da rede, fortalecendo o mercado para posts patrocinados e levando os candidatos a, naturalmente, participarem desse jogo. Suspeita-se que todos os candidatos à Presidência tenham artificialmente — não organicamente — inflado seus números de seguidores no Facebook, bem como tenham feito posts patrocinados.[25]

Pagar para ser visto é um fato nas redes sociais, e fazer isso às claras deixa um rastro. O Facebook, por exemplo, discrimina com a etiqueta "patrocinado" qualquer mensagem individual que tenha sido objeto de pagamento. O uso de *bots* pode ser uma alternativa para candidatos que queiram alcançar um público maior deixando menos rastros, ou, ainda, fazer com que crescimento pago pareça crescimento orgânico. Nada melhor, afinal, do que o reconhecimento espontâneo do eleitorado.

Conforme vamos passando, a cada eleição, de um cenário em que a campanha eleitoral via radiodifusão e meios tradicionais vai cedendo espaço para uma realidade em que as redes sociais ganham maior relevância — na segunda tela ou canal principal de informação — cada vez mais teremos que lidar com os impactos de novas modalidades de comunicação — aplicativos, jogos, conteúdo viral —, e entender qual o significado, para uma campanha eleitoral, de uma variedade de novas métricas — engajamento, alcance, frequência, influência, número de seguidores, retuítes etc. O número de pontos no Ibope atingido por um debate presidencial na TV e o número de seguidores que cada candidato tem no Facebook são informações muito diferentes, que podem levar a análises, conclusões e estratégias igualmente diferentes.

A questão de fundo, aqui, é o que acontece na encruzilhada do tradicional marketing eleitoral com o universo da publicidade digital, e as ferramentas e comportamentos daí emergentes. Ainda há espaço para muitas coisas novas a partir desse encontro, e o nascimento de figuras, práticas e funções que podem causar estranheza até se tornarem parte do *mainstream* eleitoral.

Um exemplo notável dos novos produtos que surgem nesse contexto é Jeferson Monteiro e sua criação, a personagem e perfil de redes sociais *Dilma Bolada*. Que papel assume Monteiro, na fauna e flora dos atores que cuidam de comunicação eleitoral? Publicitário, humorista, militante? Mais publicitário do que militante? Mais militante do que humorista? Um pouco de cada e, a partir dessa mescla, algo de novo? Inevitável que provoque confusão em todos os que se habituaram a um mundo em que o processo eleitoral corria fora das redes.

Do PT ao PSDB, passando pelo DEM e PMDB, da extrema direita à extrema esquerda, de Washington a Bruxelas, do PCC ao Estado Islâmico,[26] qualquer grupo que queira ter como vencedor seu ponto de vista vai precisar traçar e implementar uma estratégia de marketing digital. Entender como isso acontece — na superfície e no subsolo — é de fundamental importância para que a Lei das Eleições faça sentido.

A lei optou por vedar toda propaganda eleitoral paga em 2009, de modo a evitar abuso do poder econômico. Em que circunstâncias, entretanto, pagar por publicidade na internet de fato resulta em abuso do poder econômico? Se ela fosse permitida, haveria um limite em termos do quanto cada candidato poderia gastar? Que tipo de ação publicitária poderia ser praticada? Que distorções poderiam ser provocadas a partir de uma eventual abertura à propaganda eleitoral paga? Até que ponto uma proibição completa não prejudicaria candidatos menores, principalmente se levarmos em conta o que já foi conquistado pelos que *já pagaram* e inflaram seus números de seguidores? Quais os efeitos em curto, médio e longo prazos de determinadas ações publicitárias digitais?

Como ainda há uma boa dose de novidade em tudo isso, a solução colocada em lei foi prudente. Mas vale o exercício, para o futuro, de se investigar *exatamente* como se manifestaria o abuso do poder econômico em um contexto de publicidade on-line. Trata-se de questão que pode ser apreciada empiricamente. Ou, ao menos, questão que revela dimensões cuja investigação empírica poderia ser *tentada,* a partir de uma pluralidade de métodos e perspectivas. E que merece ser inserida na agenda de pesquisa, para que avaliemos o modelo atualmente adotado.

Além de propaganda eleitoral irregular, a mais óbvia utilidade de *bots* e perfis falsos é a de espalhar mensagens que beneficiem determinados candidatos, em detrimento de outros. Se essas mensagens constituírem calúnia, injúria ou difamação, são ilegais. Se não constituírem, não o são, e encontram-se protegidas pela liberdade de expressão, goste-se delas ou não. O que não afasta, ressalte-se, o exercício de se avaliar com cuidado o uso desses artifícios para espalhar informações falsas com o objetivo de deliberadamente interferir nos resultados das eleições — algo que pode ou não configurar crime eleitoral.[27]

Conforme o art. 57, §1º, e da Lei das Eleições, é crime "a contratação direta ou indireta de grupo de pessoas com a finalidade específica de emitir mensagens ou comentários na internet para ofender a honra ou denegrir a imagem de candidato, partido ou coligação". A pena prevista é de detenção de dois a quatro anos, e multa entre 15 mil e 50 mil reais, e de acordo com o §2º do mesmo artigo, as pessoas contratadas para executar esse crime são punidas com detenção de seis meses a um ano, substituível por prestação de serviços à comunidade pelo mesmo período.

O que pode constituir calúnia, injúria e difamação, ou "ofender a honra ou denegrir a imagem de candidato, partido ou coligação"?

Muita coisa. A legislação brasileira é extremamente protetiva em relação à honra e reputação, conferindo-lhes uma importância que, muitas vezes, acaba passando por cima da liberdade de expressão, de imprensa, e das expectativas que os eleitores têm de dialogar, informar e serem informados.

Outro problema a se considerar é o dos danos colaterais que podem surgir a reboque de uma legislação que tenha padrões muito elevados para defesa da honra. Em se tratando de serviços on-line, não é apenas a permanência ou não do conteúdo infringente na internet. Em alguns casos, a própria plataforma pode ser comprometida. De acordo com a legislação eleitoral, uma vez determinada a ocorrência de crime contra a honra, caso os responsáveis pelas plataformas se recusem a remover o conteúdo envolvido, pode ser estabelecida a suspensão do acesso de "todo conteúdo informativo dos sítios da internet" em questão.[28]

É importante pensar até que ponto não é chegado o momento de repensar o modelo atual, ultraprotetivo da honra, principalmente em contextos políticos, de modo a evitar a imposição de *chilling effects* à liberdade de expressão. Uma "rede virtual de disseminação de mentiras e ofensas" para uns, afinal, pode muito bem ser uma "rede de difusão de discurso democrático e crítico" para outros.

O uso de *bots* e perfis falsos toca fundo porque dialoga com elementos muito importantes para um debate democrático plural e saudável: a confiança na veracidade de informações recebidas, indispensável para a formação do convencimento do eleitor, e o repúdio à manipulação e desinformação.

É de fato necessário que nos preocupemos com artifícios como esses. Igualmente importante, por outro lado, é não ceder à paranoia e teorias conspiratórias. Por sua própria natureza, os *bots* acabaram assumindo nessas eleições o papel de ameaças invisíveis que são, ao mesmo tempo, inconvenientes e oportunas. Inconvenientes, porque podem atrapalhar a vida dos candidatos. Oportunas, porque é fácil transferir a responsabilidade, por fracassos ou decisões equivocadas de campanha, à atuação de um exército de *bots* ou *fakes*.

Mais importante do que resolver o problema dos *bots* seria mesmo encontrar soluções para as duas questões de fundo apontadas anteriormente. Enquanto isso não acontece, um experimento pode valer a pena: transformar a Justiça Eleitoral em uma instância técnica, que possa lançar luzes sobre casos concretos em que, suspeite-se, tenha ocorrido o uso malicioso de robôs ou perfis falsos.

A Justiça Eleitoral seria responsável por manter uma lista de entidades com capacidade técnica para analisar alegações de uso de *bots*, perfis falsos ou outras ferramentas, para finalidades que desrespeitem a legislação eleitoral. O cadastro seria composto por adesão voluntária das entidades.

A partir de uma denúncia por candidato ou partido político de que haveria alguma atividade irregular — sempre fundada em conduta proibida por lei —, uma ou mais entidades seriam incumbidas de dar seu parecer técnico quanto à procedência da denúncia.

É importante observar que o parecer apenas diria se houve ou não a ação de *bots* ou perfis falsos, com o objetivo de violar a Lei das Eleições. Constataria a materialidade, mas dificilmente a autoria da conduta. A apuração da autoria — atribuir a conduta a determinada pessoa —, bem como as consequências pela infração, dependeriam de investigação e produção de provas no âmbito do procedimento previsto em lei. Detectar que houve o uso de *bots* é bem mais simples do que afirmar, categoricamente, que a parte beneficiada pela ação foi por ela responsável.

Um exemplo das eleições de 2014 é bastante claro. Aécio Neves teve um vídeo seu derrubado do YouTube pela ação de robôs no dia 29 de julho de 2014. O sistema de detecção de fraudes do YouTube identificou que houve a atuação de *bots* para aumentar artificialmente o número de visualizações do vídeo, e o retirou do ar. A campanha do candidato tucano afirmou que os *bots* foram acionados por terceiros com a intenção, justamente, de derrubar o vídeo.[29] Um candidato opositor poderia, igualmente, acusar a campanha do PSDB de ter contratado os *bots* para inflar o número de visualizações do vídeo no sistema, fazendo com que ele ganhasse mais visibilidade. Não temos como saber o que aconteceu. Seria preciso uma investigação mais aprofundada.

Ao longo do tempo, as acusações e os pareceres iriam formar um conjunto extremamente útil de ocorrências de uso de *bots* documentadas tecnicamente. Com base nesse corpo de relatos e análises teríamos condições melhores de avaliar a extensão do problema, se ele merece alguma resposta legislativa e, em caso positivo, qual a solução mais adequada.

Notas

1. "A guerra suja na internet — robôs derrubam vídeo de Aécio Neves." Disponível em: <http://tucano.org.br/noticias-do-psdb/a-guerra-suja-na-internet-robos-derrubam-video-de-aecio-neves>. Acesso em 24/03/2015.
2. Disponível em: http://www.mudamais.com/divulgue-verdade/5-mil-robos-impulsionam-candidato-da-oposicao-no-twitter. Acesso em: 24/03/2015.
3. ARAGÃO, Alexandre. "Análise das redes sociais mostra que perfis falsos influenciaram discussão na web". *Folha de S.Paulo*, 20/09/2014. Disponível em: <http://www1.folha.uol.com.br/poder/2014/09/1524593-analise-das-redes-sociais-mostra-que-perfis-falsos-influenciaram-discussao-na-web.shtml>. Acesso em 24/03/2015.
4. ARTHUR, Charles. "How low-paid workers at 'click farms' create appearance of online popularity". *The Guardian*, 2 de agosto de 2013. Disponível em: <http://www.theguardian.com/technology/2013/aug/02/click-farms-appearance-online-popularity>. Acesso em 24/03/2015.
5. ORKUTT, Mike. "Twitter mischief plagues Mexico's election". *MIT Technology Review*, 21 de junho de 2012. Disponível em: <http://www.technologyreview.com/news/428286/twitter-mischief-plagues-mexicos-election/>. Acesso em 24/03/2015.
6. SANG-HUN, Choe. "Prosecutors detail attempt to sway South Korean election". *The New York Times*, 21 de novembro de 2013. Disponível em: <http://www.nytimes.com/2013/11/22/world/asia/prosecutors-detail-bid-to-sway-south-korean-election.html>. Acesso em 24/03/2015.
7. OREMUS, Will. "Mitt Romney's fake Twitter follower problem". *Slate*, 25 de julho de 2012. Disponível em: <http://www.slate.com/blogs/future_tense/2012/07/25/mitt_romney_fake_twitter_followers_who_s_buying_them_.html>. Acesso em 24/03/2015.

8. STROMER-GALLEY, Jennifer. *Presidential campaigning in the Internet age*. Oxford: Oxford University Press, 2014, p. 129.
9. BRAMATI, Daniel. "Julgamento do mensalão mobilizou 'robôs' em 2013". *O Estado de S. Paulo*, 29 de março de 2014. Disponível em: <http://politica.estadao.com.br/noticias/geral,julgamento-do-mensalao-mobilizou-robos-em-2013,1146769>. Acesso em 24/03/2015.
10. Agência Senado. "Enquete sobre marco civil da internet é retirada do ar por suspeita de votação irregular." *Senado Notícias*, 15 de abril de 2014. Disponível em: <http://www12.senado.gov.br/noticias/materias/2014/04/15/enquete-sobre-marco-civil-da-internet-e-retirada-do-ar-por-suspeita-de-votacao-irregular>. Acesso em 24/03/2015.
11. Link para busca pelo termo "robôs" no Muda Mais: <http://mudamais.com/search/node/rob%C3%B4s>. Acesso em 24/03/2015.
12. Disponível em: <http://mudamais.com/divulgue-verdade/faltou-militancia-aecio-e-o-feitico-da-multiplicacao-de-tuites>. Acesso em 24/03/2015.
13. Disponível em: <http://www.slideshare.net/conversaafiada/acio-processa-blogueiros?ref=http://mudamais.com/divulgue-verdade/quem-interessa-calar-internet-os-66-perseguidos-de-aecio>. Acesso em 24/03/2015.
14. COSTA, Camilla. "Perfis-robôs militam dos dois lados nas redes sociais". *BBC Brasil*, 24 de outubro de 2014. Disponível em: <http://www.bbc.co.uk/portuguese/noticias/2014/10/141024_salasocial_eleicoes2014_robos_cc>. Acesso em 24/03/2015.
15. ARAGÃO, Alexandre. "Análise das redes sociais mostra que perfis falsos influenciaram discussão na web". *Folha de S.Paulo*, 20 de setembro de 2014. Disponível em: <http://www1.folha.uol.com.br/poder/2014/09/1524593-analise-das-redes-sociais-mostra-que-perfis-falsos-influenciaram-discussao-na-web.shtml>. Acesso em 24/03/2015.
16. HUPSEL FILHO, Valmar; GALHARDO, Ricardo. "Documento do Planalto admite 'comunicação errática' e defende mais propaganda em SP". *O Estado de S. Paulo*, 17 de março de 2015. Disponível em: <http://politica.estadao.com.br/noticias/geral,documento-do-planalto-admite-comunicacao-erratica-e-defende-mais-propaganda-em-sp,1652751>. Acesso em 24/03/2015.
17. Disponível em: <https://drive.google.com/file/d/0B7o7oCE5mYbIanZsYjN3eXg5MWs/view>. Acesso em 24/03/2015.
18. *Ibidem*.
19. SEWARD, Zachary M. "Twitter admits that as many as 23 million of its active users are automated." *Quartz*, 12 de agosto de 2014. Disponível em: <http://qz.com/248063/twitter-admits-that-as-many-as-23-million-of-its-active-users-are-actually-bots/>. Acesso em 24/03/2015.

20. DUBBIN, Rob. "The rise of Twitter bots". *The New Yorker*, 14 de novembro de 2013. Disponível em: <http://www.newyorker.com/tech/elements/the-rise-of-twitter-bots>. Acesso em 24/03/2015; HERN, Alex. "Eight twitterbots worth following". *The Guardian*, 12 de agosto de 2014. Disponível em: <http://www.theguardian.com/technology/shortcuts/2014/aug/12/eight-twitterbots-worth-following>. Acesso em 24/03/2015.
21. A questão dos perfis falsos é diferente da dos *bots* autorizados. De acordo com o relatório anual de 2013 do Facebook, cerca de 2,1% dos usuários mensais ativos eram perfis falsos, não autorizados pelos termos de uso da rede social. Disponível em: <http://investor.fb.com/annuals.cfm>. Acesso em 24/03/2015.
22. Disponível em: <https://www.thunderclap.it/>. Acesso em 24/03/2015.
23. Os termos de uso do Twitter proíbem "criar múltiplas contas para propósitos disruptivos ou abusivos, ou com casos de uso em sobreposição", e alertam que a "criação de contas em massa pode resultar na suspensão de todas as contas relacionadas". Algumas das práticas do uso político de *bots* em campanhas eleitorais podem, ainda, facilmente ser consideradas spam de acordo com os termos, acarretando as mesmas consequências. Os termos de uso do Facebook, por sua vez, vedam a criação de mais de uma conta pessoal, e o documento de padrões da comunidade especifica que "afirmar ser outra pessoa, criar uma presença falsa para uma organização ou criar várias contas não está em conformidade e viola os termos do Facebook". Ver: <https://twitter.com/tos, https://support.twitter.com/articles/18311-the-twitter-rules#>; <https://www.facebook.com/legal/terms>; <https://www.facebook.com/communitystandards>. Acesso em 24/03/2015.
24. MACEDO, Fausto. "Juiz julga improcedente representação contra Alckmin por uso de links patrocinados". *O Estado de S. Paulo (blog de Fausto Macedo)*, 8 de agosto de 2014. Disponível em: <http://politica.estadao.com.br/blogs/fausto-macedo/juiz-julga-improcedente-representacao-contra-alckmin-por-uso-de-links-patrocinados/>. Acesso em 24/03/2015. UOL. "Juiz acolhe pedido de Serra e proíbe propaganda de Suplicy." *UOL Eleições,* 10 de setembro de 2014. Disponível em: <http://eleicoes.uol.com.br/2014/noticias/2014/09/10/juiz-acolhe-pedido-de-serra-e-proibe-propaganda-de-suplicy.htm>. Acesso em 24/03/2015.
25. "Observando o grau de crescimento do número de seguidores das respectivas páginas, é possível afirmar que todos os candidatos à Presidência da República patrocinaram suas páginas e pagaram para disseminar algumas postagens." SILVEIRA, Sérgio Amadeu da. "Entre *trolls*, robôs e ativadores: as eleições na internet". *Le Monde Diplomatique Brasil*, 4 de setembro de 2014. Disponível em: <http://www.diplomatique.org.br/artigo.php?id=1718>. Acesso em 24/03/2015.

26. Sobre o uso de mídias sociais pelo Estado Islâmico: SPERI, Alice. "ISIS fighters and their friends are total social media pros". *Vice News*, 17 de junho de 2014. Disponível em: <https://news.vice.com/article/isis-fighters-and-their-friends-are-total-social-media-pros>. Acesso em 24/03/2015; KINGSLEY, Patrick. "Who is behind Isis's terrifying online propaganda operation?". *The Guardian*, 23 de junho de 2014. Disponível em: <http://www.theguardian.com/world/2014/jun/23/who-behind-isis-propaganda-operation-iraq>. Acesso em 24/03/2015; BERGER, J. M. "How ISIS games Twitter?", *The Atlantic*, 16 de junho de 2014. Disponível em: <http://www.theatlantic.com/international/archive/2014/06/isis-iraq-twitter-social-media-strategy/372856/>. Acesso em 24/03/2015.

27. Conforme o art. 323 do Código Eleitoral, constitui crime "Divulgar, na propaganda, fatos que sabe inverídicos, em relação a partidos ou candidatos e capazes de exercerem influência perante o eleitorado". Resta a pergunta: e se não for na propaganda? E se a divulgação tiver sido feita espontaneamente por grupos ou indivíduos não relacionados às campanhas? O caso dos boatos referentes à suposta morte de Alberto Youssef na véspera do dia da votação é bastante interessante. Não envolveu calúnia, injúria ou difamação. Não atingiu diretamente a imagem de partidos, candidatos, partidos ou coligações. Não se sabe quem começou a espalhar os boatos, e eles podem muito bem ter nascido de grupos ou pessoas não vinculados às campanhas. Mas é indiscutível que eles foram disseminados com o intuito de interferir nas eleições. Ver: MATAIS, Andreza. "Justiça Eleitoral decide se boato sobre morte de Youssef é crime". *O Estado de S. Paulo*, 26 de outubro de 2014. Disponível em: <http://politica.estadao.com.br/noticias/eleicoes,justica-eleitoral-decide-se-boato-sobre-morte-de-youssef-e-crime,1583124>. Acesso em 24/03/2015.

28. Lei 9.504/97: art. 57-I. A requerimento de candidato, partido ou coligação, observado o rito previsto no art. 96, a Justiça Eleitoral poderá determinar a suspensão, por vinte e quatro horas, do acesso a todo conteúdo informativo dos sítios da internet que deixarem de cumprir as disposições desta Lei.

    "§ 1º A cada reiteração de conduta será duplicado o período de suspensão.

    "§ 2º No período de suspensão a que se refere este artigo, a empresa informará, a todos os usuários que tentarem acessar seus serviços, que se encontra temporariamente inoperante por desobediência à legislação eleitoral.

29. RODRIGUES, Fernando. "Vídeo de Aécio sofre ataque de robôs e é derrubado pelo YouTube". *Blog do Fernando Rodrigues*, 30 de julho de 2014. Disponível em: <http://fernandorodrigues.blogosfera.uol.com.br/2014/07/30/video-de-aecio-sofre-ataque-de-robos-e-e-derrubado-pelo-youtube/>. Acesso em 24/03/2015.

13. Mais garantias para o humor na internet
Delimitando o conceito de propaganda eleitoral
Luiz Fernando Marrey Moncau

Introdução

Os conteúdos humorísticos estão, com frequência, no centro do debate sobre liberdade de expressão e seus limites. O objetivo deste artigo é analisar, a partir de um caso específico, os limites do uso da liberdade de expressão para a crítica humorística a um candidato durante o período eleitoral, apontando um problema atual da nossa legislação.

No caso analisado, a produtora de vídeos humorísticos veiculados pela internet Porta dos Fundos teve dois vídeos removidos do seu canal no YouTube por conta de uma sátira/crítica a um candidato ao governo do Rio de Janeiro. O marcante nesses casos foi que os vídeos foram removidos por atuação administrativa do TRE-RJ, valendo-se do seu "poder de polícia" e pelo entendimento de que caracterizariam "propaganda eleitoral negativa".

O caso aqui discutido aponta para os seguintes problemas: a) qual deve ser o limite de atuação dos tribunais, valendo-se do seu poder de polícia, em relação a conteúdos veiculados na internet?; b) qual é a definição de propaganda eleitoral?; c) como as garantias existentes para a liberdade de expressão em rádio e TV aplicam-se na internet em casos como esse?

A partir da análise de alguns aspectos concretos do caso, propõem-se algumas medidas para assegurar a veiculação de conteúdos humorísticos na rede, como a geração de relatórios pelos tribunais contendo informações sobre quais conteúdos foram removidos por violação da Lei das Eleições, a delimitação do conceito de propaganda eleitoral e a extensão da proteção conferida ao humor em rádio e televisão para conteúdos veiculados pela internet.

O caso concreto

No dia 29 de setembro de 2014, o grupo Porta dos Fundos divulgou no YouTube o vídeo intitulado "Você me conhece". Na obra, que simula uma propaganda eleitoral gratuita na televisão, o grupo apresenta um candidato fictício chamado Tião do Fuzil, que pede o voto do eleitor enquanto aponta uma pistola para um refém (Marcelo). O "candidato" chantageia o eleitor afirmando que, se for eleito, soltará Marcelo sem sequelas e, ao final, em passagem brevíssima, indica seu apoio a um candidato ao governo do estado: "para governador, Garotinho".

O vídeo foi denunciado pelo cidadão Mauro Henrique Feitosa Alécio ao TRE-RJ. A denúncia foi recebida pela Coordenadoria de Fiscalização da Propaganda Eleitoral. A responsável pela coordenadoria, juíza Daniela Barbosa Assumpção de Souza, decidiu, na mesma data, notificar o YouTube e a produtora Porta dos Fundos para que retirassem o vídeo sob pena de pagamento de multa no valor de 100 mil reais por dia em caso de descumprimento.[1]

No dia 2 de outubro, o grupo de humor divulgou novo vídeo, chamado "Zona eleitoral". Nessa obra, um eleitor ingressa na zona eleitoral e ao iniciar sua votação começa a discutir com o mesário, afirmando não gostar de nenhum dos candidatos que estão na sua urna eletrônica. O eleitor pede para votar em outra urna e tenta "destravar" novos candidatos naquele aparelho, sugerindo ao mesário da zona eleitoral métodos como "desligar e ligar" a urna ou "assoprar o cartucho", numa referência aos antigos cartuchos de videogame que, quando empoeirados, não funcionavam apropriadamente. Na parte final do vídeo, o eleitor tenta alguns truques e, após digitar 666, vota sem querer no candidato Garotinho. Aos palavrões, reclama da opção escolhida.

A partir de denúncia do mesmo cidadão, o caso foi novamente encaminhado à Coordenadoria de Fiscalização da Propaganda Eleitoral. Assim como no primeiro caso, a juíza baseou-se no poder de polícia conferido à Justiça Eleitoral para determinar a remoção do vídeo ao YouTube.[2]

O grupo Porta dos Fundos chegou a ajuizar uma reclamação no Supremo Tribunal Federal.[3] Entretanto, o ministro Dias Toffoli negou seguimento à reclamação, sob o fundamento de que esta seria a via processual inapropriada para debater o caso.

A empresa Google Brasil Internet Ltda., responsável pelo YouTube, também buscou a justiça para anular a ordem do TRE-RJ de remoção do conteúdo do grupo Porta dos Fundos. A empresa impetrou no TRE-RJ um mandado de segurança (MS 790.704) contra a decisão da juíza da Coordenadoria de Fiscalização da Propaganda Eleitoral. O pedido liminar foi apreciado no dia 15/10/2014. A decisão se deu, portanto, após a realização do primeiro turno das eleições, ocasião em que o candidato Anthony Garotinho já havia sido derrotado e se encontrava fora da disputa. Tendo isso em vista, o desembargador Abel Fernandes Gomes deferiu o pedido liminar afirmando que o fato de o candidato não estar mais no pleito afastaria a competência da Justiça Eleitoral e que o vídeo não teria mais potencialidade de influir no processo eleitoral.

Ao fim e ao cabo, os vídeos voltaram ao ar sem, contudo, ficar claro se a Coordenadoria de Fiscalização da Propaganda Eleitoral teria extrapolado seus poderes ao remover conteúdo da internet e deixando uma ampla margem de insegurança jurídica aos cidadãos e, principalmente, humoristas que utilizam a internet como veículo para crítica política. A questão, portanto, permanecerá aberta até as próximas eleições, a não ser que alguma alteração normativa seja promovida para esclarecer os limites da atuação administrativa do magistrado responsável pela fiscalização da propaganda eleitoral e para definir melhor os contornos dos discursos que devem estar blindados e protegidos sob o manto da livre expressão.

Uma análise crítica

Para analisar se essa atuação é ou não pertinente, faz-se importante responder ao menos às seguintes questões: a) qual a extensão da competência da Coordenadoria de Fiscalização da Propaganda Eleitoral?; há outros órgãos com competência similar para atuar em questões como essa ou a prerrogativa decorre exclusivamente de regras do TRE-RJ?; b) qual o conceito de propaganda eleitoral? Este conceito abrange os discursos e debates críticos promovidos pelos cidadãos?; c) como a justiça trata o humor em período eleitoral no rádio e na TV? Como essas regras devem se estender para a internet?

Da competência da Coordenadoria de Fiscalização da Propaganda Eleitoral

A criação da Coordenadoria de Fiscalização da Propaganda Eleitoral está ligada ao próprio desenvolvimento da legislação eleitoral. Apesar de a coordenadoria não estar prevista no regimento interno do TRE-RJ, é possível traçar sua origem e criação a partir da análise das resoluções do tribunal que tratam de propaganda eleitoral.

Numa breve pesquisa no TRE-RJ, é possível notar que desde 1976 o tribunal designa, por meio dessas resoluções, juízes para fiscalizar a propaganda eleitoral. Em 1993, a Resolução 264/93 apresentou, pela primeira vez, menção à necessidade de que juízes procedessem à fiscalização e coordenação da propaganda eleitoral. A mudança se deveu, aparentemente, a uma alteração na legislação — a aprovação da Lei 8.713/93, que estabeleceu as normas para a eleição do ano seguinte —, que passou a demandar que os TREs designassem três juízes auxiliares para a apreciação das reclamações ou representações que apontassem o descumprimento da lei.

Ao disciplinar a eleição de 1996, a Lei 9.100/95 estabeleceu que as reclamações ou representações referentes à propaganda eleitoral deveriam ser encaminhadas a um juiz eleitoral. O TRE-RJ regulamentou a questão por meio da Resolução 432/96. Em seu artigo 3º a norma mencionou, aparentemente pela primeira vez, a implementação de uma Coordenadoria da Fiscalização da Propaganda Eleitoral. A Resolução 436/96 indicou mais dois juízes para compor a referida coordenadoria.

Em 1997, a Lei 9.504 consolidou as regras que vinham avançando ao longo dos anos e estabeleceu normas gerais para as eleições. Essa lei continua em vigor até a presente data, tendo sido alterada em 2006, 2009 e 2013. Em seu artigo 96, materializou algumas das competências dos Tribunais Regionais Eleitorais, dentre elas a de que as reclamações e representações devem ser dirigidas a esses tribunais nas eleições federais, estaduais e distritais, bem como que os TREs designarão três juízes auxiliares para apreciar as reclamações e representações.

Ao longo dos anos, as resoluções que designam os juízes no TRE-RJ foram se tornando cada vez mais semelhantes, limitando-se a apontar um juiz para a função de coordenador da Fiscalização da Propaganda Eleitoral e a indicar juízes para a mesma tarefa nos municípios com mais de uma zona eleitoral. Em 2011, entretanto, a Resolução 778/11 do TRE-RJ reconheceu a competência dos juízes eleitorais para atuar de forma permanente, mesmo fora do período eleitoral, com o objetivo de promover a orientação dos partidos e candidatos e de fiscalizar a propaganda eleitoral extemporânea.

Finalmente, em 2013, a regra mais robusta sobre o assunto foi aprovada. A Resolução 837/13 do TRE/RJ constituiu a Comissão Permanente de Fiscalização de Propaganda Eleitoral, com atribuições operacionais elencadas em seu artigo 4º e com propostas de aperfeiçoamento do processo de fiscalização. Diz o artigo 4º da referida norma que:

Art. 4º São atribuições operacionais da Comissão Permanente de Fiscalização da Propaganda Eleitoral, além de outras que forem determinadas pela Presidência do Tribunal Regional Eleitoral do Rio de Janeiro:

I — Receber notícias de irregularidade em matéria de propaganda eleitoral, promovendo o seu protocolo e registro.

II — Diligenciar para colher indícios de confirmação das notícias de irregularidade, formalizando os resultados no Relatório Único de Fiscalização.

III — Orientar beneficiários para que cessem ou façam cessar práticas irregulares em matéria de propaganda eleitoral, verificando a observância ou não das orientações.

IV — Encaminhar expedientes que versem sobre o exercício do poder de polícia ou sobre jurisdição penal eleitoral aos juízos eleitorais competentes.

V — Manter intercâmbio com os juízos eleitorais, principalmente aqueles com atribuição de fiscalização permanente, visando trabalho integrado.

VI — Criar e alimentar banco de dados com informações sobre expedientes que versem sobre propaganda eleitoral extemporânea e outras irregularidades em matéria de propaganda eleitoral, visando subsidiar representações ou ações de investigação judicial eleitoral.

Note-se que a resolução menciona as atribuições de uma comissão, aparentemente distinta de uma coordenadoria. De qualquer forma, o que se pode perceber a partir dessa análise em perspectiva histórica é a paulatina e suave ampliação da capacidade de fiscalização do tribunal e a afirmação da competência para fiscalização de propaganda além do período eleitoral.

Nada disso deve ser considerado um problema em si. Ainda que mereça atenção a crescente capacidade do tribunal e de sua coordenadoria de fiscalização da propaganda eleitoral, esse é um desenvolvimento que pode trazer grandes benefícios ao processo eleitoral. Entretanto, esse crescente poder deve ser acompanhado da imposição de limites para atuação. A análise das resoluções em questão parece ser clara em delimitar a atuação da coordenadoria à propaganda eleitoral. Entretanto, como se verá adiante, esse é um conceito sem definição precisa na legislação eleitoral.

É importante destacar, ainda, que o exercício do poder de polícia em relação à propaganda eleitoral não é uma prerrogativa exclusiva dos juízes do TRE-RJ. Uma breve busca indica que caminhos semelhantes têm sido seguidos em outros tribunais.[4] Isso significa que os potenciais problemas identificados neste caso concreto podem replicar-se em outros estados.

O conceito de propaganda eleitoral

O conceito de propaganda eleitoral não está definido na lei, mas apenas em doutrina e em decisões dos tribunais eleitorais brasileiros.

Segundo o glossário do TSE, propaganda eleitoral

> é a que visa a captação de votos, facultada aos partidos, coligações e candidatos. Busca, através dos meios publicitários permitidos na Lei das Eleições, influir no processo decisório do eleitorado, divulgando-se o curriculum dos candidatos, suas propostas e mensagens, no período denominado de "campanha eleitoral".[5]

Cartilha do TRE-RJ, por sua vez, afirma que "denomina-se propaganda eleitoral a elaborada por partidos políticos e candidatos com a finalidade de captar votos do eleitorado para investidura em cargo público eletivo".[6]

Uma pesquisa jurisprudencial do conceito de propaganda eleitoral, entretanto, revela que a interpretação dada ao conceito pode ser muito mais ampla, não se restringindo apenas à propaganda feita por partido político ou por candidato, mas estendendo-se à propaganda negativa (feita contra um candidato), à propaganda feita nos meios de comunicação social (não necessariamente pelo candidato) e até a propaganda/comentário de pessoas jurídicas não relacionadas ao pleito.[7]

É nessa ampla margem interpretativa que reside o principal problema do caso em análise. Ao configurar o programa humorístico como "propaganda eleitoral negativa" de um dos candidatos, a Coordenadoria de Fiscalização da Propaganda Eleitoral atraiu para si a competência de analisar o caso concreto, utilizou do poder de polícia que lhe é atribuído (historicamente ligado à fiscalização de panfletos, cavaletes, outdoors etc., mas que vêm se ampliando para incorporar também expressões na rede mundial de computadores) para determinar a remoção do conteúdo.

Diante disso, é importante indagar: é desejável que o tribunal tenha a prerrogativa de agir e remover conteúdos postados por qualquer cidadão (não por partido político) na internet, mediante qualquer denúncia? É desejável que os cidadãos estejam sujeitos aos mesmos limites da propaganda partidária?

Para termos um parâmetro de argumentação, vejamos o que o SFT decidiu em relação ao humor em período eleitoral no rádio e na TV.

O humor em período eleitoral no rádio e na TV

Além das considerações sobre a competência dos tribunais em relação à remoção de conteúdos na internet e sobre a ampla margem de interpretação do conceito de propaganda eleitoral, é importante destacar um terceiro aspecto em relação a este caso concreto.

Em 2010, o STF enfrentou a questão da constitucionalidade das charges e críticas, veiculadas por emissoras de rádio e TV, durante o período eleitoral. Na ADIn 4.451, movida pela Abert, Associação Brasileira de Emissoras de Rádio e Televisão, discutiu-se justamente sobre os limites da liberdade de expressão e de imprensa em relação à crítica a candidatos. Decidiu o Supremo que:

> 5. Programas humorísticos, *charges* e modo caricatural de pôr em circulação ideias, opiniões, frases e quadros espirituosos compõem as atividades de "imprensa", sinônimo perfeito de "informação *jornalís-*

tica" (§1º do art. 220). Nessa medida, gozam da plenitude de liberdade que é assegurada pela Constituição à imprensa. Dando-se que *o exercício concreto dessa liberdade em plenitude assegura ao jornalista o direito de expender críticas a qualquer pessoa, ainda que em tom áspero, contundente, sarcástico, irônico ou irreverente, especialmente contra as autoridades e aparelhos de Estado*. Respondendo, penal e civilmente, pelos abusos que cometer, e sujeitando-se ao direito de resposta a que se refere a Constituição em seu art. 5º, inciso V. A crítica jornalística em geral, pela sua relação de inerência com o interesse público, não é aprioristicamente suscetível de censura. Isso porque é da essência das atividades de imprensa operar como formadora de opinião pública, lócus do pensamento crítico e necessário contraponto à versão oficial das coisas, conforme decisão majoritária do Supremo Tribunal Federal na ADPF 130. Decisão a que se pode agregar a ideia de que a locução "humor *jornalístico*" enlaça pensamento crítico, informação e criação artística.

6. A liberdade de imprensa assim abrangentemente livre não é de sofrer constrições em período eleitoral. Ela é plena em todo o tempo, lugar e circunstâncias. Tanto em período não eleitoral, portanto, quanto em período de eleições gerais. Se podem as emissoras de rádio e televisão, fora do período eleitoral, produzir e veicular *charges,* sátiras e programas humorísticos que envolvam partidos políticos, pré-candidatos e autoridades em geral, também podem fazê-lo no período eleitoral. *Processo eleitoral não é estado de sítio* (art. 139 da CF), única fase ou momento de vida coletiva que, pela sua excepcional gravidade, a Constituição toma como fato gerador de "restrições *à inviolabilidade da correspondência, ao sigilo das comunicações, à prestação de informações e à liberdade de imprensa, radiodifusão e televisão, na forma da lei"* (inciso III do art. 139).

7. O próprio texto constitucional trata de modo diferenciado a mídia escrita e a mídia sonora ou de sons e imagens. *O rádio e a televisão, por constituírem serviços públicos, dependentes de "outorga" do Estado e*

> *prestados mediante a utilização de um bem público (espectro de radiofrequências), têm um dever que não se estende à mídia escrita: o dever da imparcialidade ou da equidistância perante os candidatos. Imparcialidade, porém, que não significa ausência de opinião ou de crítica jornalística. Equidistância que apenas veda às emissoras de rádio e televisão encamparem, ou então repudiarem, essa ou aquela candidatura a cargo político eletivo.* [grifos no original]

A decisão do STF suspendeu a eficácia do inciso II da Lei 9.504/97 (que vedava o uso de trucagem, montagem ou recursos que degradem ou ridicularizem candidato) e da expressão *"ou difundir opinião favorável ou contrária a candidato, partido, coligação, a seus órgãos ou representantes"*, contida no inciso III do art. 45 da Lei 9.504/97.

Isso significa que, mesmo no caso dos serviços públicos que dependem de outorga, não há uma vedação à crítica ou à opinião. Para o STF, a regra positivada na lei limitou indevidamente a liberdade de expressão e de imprensa.

Seguindo o raciocínio do Supremo, temos que os produtores de conteúdos na internet, tal como a mídia escrita, não teriam o dever de imparcialidade ou equidistância perante os candidatos, ficando portanto sujeitos a ainda menos restrições.

A visão do STF afasta-se da encampada no caso Porta dos Fundos, pois afirma que o direito à crítica e ao humor faz parte da liberdade de imprensa e de manifestação do pensamento, distanciando-se da noção de propaganda eleitoral. Ainda assim, é importante destacar que o Supremo deixou as portas abertas para a interpretação caso a caso, afirmando que "apenas se estará diante de uma conduta vedada quando a crítica ou matéria jornalísticas venham a descambar para a propaganda política, passando nitidamente a favorecer uma das partes na disputa eleitoral. Hipótese a ser avaliada em cada caso concreto".

Conclusões e recomendações

Ao observarmos os aspectos expostos, podem-se extrair algumas conclusões e análises importantes.

O TRE-RJ, e outros tribunais, possuem poder de polícia para atuar em relação à propaganda eleitoral. Essa atuação tradicionalmente se dava em relação a material distribuído nas ruas, fiscalização de outdoors, cavaletes e outras formas tradicionais de campanha. Com o avanço da tecnologia, a propaganda eleitoral assume formas inovadoras que merecem atenção dos tribunais, incluindo a campanha por meio da internet.

A atuação dos tribunais será muito ampla, podendo restringir o debate democrático, se não houver uma delimitação clara do seu escopo, especialmente em relação à internet. Um dos problemas é a inexistência de limites claros definindo os contornos do conceito de propaganda eleitoral. Sem esses limites, uma interpretação ampliativa dos tribunais pode permitir sua atuação de maneira quase que ilimitada. Em última análise, qualquer discurso a favor ou contra um candidato pode vir a ser considerado propaganda política.[8]

No caso de charges e conteúdos humorísticos, o Supremo Tribunal Federal já se manifestou no sentido de que a mera crítica e opinião favorável ou contrária a candidato não deve ser impedida durante o período eleitoral em rádio e TV. A internet, que não é uma concessão pública, permite por sua própria natureza a livre expressão de uma multiplicidade de atores mais ampla do que a permitida no rádio e na TV (que possuem as limitações naturais relativas à sua grade de programação). Desse modo, as expressões veiculadas por meio da internet deveriam estar sujeitas a menos restrições do que as estabelecidas para o rádio e a TV.

No caso específico do Porta dos Fundos, o conteúdo humorístico não foi elaborado por partido político. Ainda que a crítica veiculada desagrade, a mensagem humorística pode ter o condão de fomentar um importante debate na sociedade. Sua supressão pode eliminar do debate o escrutínio público sobre um candidato ou sobre determinados problemas sociais.

O restabelecimento do vídeo após a derrota do candidato retratado representa prestígio limitado à livre expressão. A remoção do conteúdo durante o período eleitoral pode ter privado eleitores de diferentes perspectivas, ainda que ácidas, exageradas e injustas, sobre o agente público retratado.

Diante disso, buscando uma solução que aponte para o equilíbrio entre a liberdade de expressão e um debate saudável durante o período eleitoral, apresentam-se as seguintes propostas:

a) Os Tribunais Regionais Eleitorais devem, após cada período eleitoral, publicar e submeter ao TSE um relatório informando todos os casos em que se solicitou a remoção de conteúdos da internet. É preciso obter uma visão mais qualificada das dimensões do problema e acompanhar sua evolução para elaborar políticas públicas adequadas para endereçar os abusos da liberdade de expressão na rede;

b) É preciso delimitar melhor o conceito de propaganda eleitoral, restringindo-o ao discurso elaborado pelos partidos políticos e outras situações comumente identificadas durante o período eleitoral. Na impossibilidade dessa delimitação, sugere-se a inclusão de um artigo 36-C na Lei 9.504/97, excluindo do conceito de propaganda eleitoral os discursos, críticas e debates realizados por cidadãos comuns na rede mundial de computadores. O conteúdo humorístico deve ter especial tratamento, sendo especialmente excluído do conceito de propaganda eleitoral quando não realizado por partido político ou por ele comissionado;

c) É preciso estender a proteção aos conteúdos humorísticos conferida pela decisão do STF na ADIn 4.451 à internet e aos demais meios de comunicação. Essa proteção não deve se limitar à atividade jornalística, mas se estender a quaisquer cidadãos que se expressem durante o período eleitoral sem o intuito de induzir o eleitor em erro. Essa proteção pode se dar tanto pela modificação do art. 45 da Lei 9.504/97 quanto pela edição de uma resolução do TSE que afirme a proteção estabelecida pelo STF também para conteúdos veiculados na internet.

Com essas propostas implementadas, será possível ampliar a proteção à liberdade de expressão sem inviabilizar o combate aos problemas trazidos pelos excessos cometidos na propaganda eleitoral. Melhor para a democracia.

Notas

1. O andamento do referido processo administrativo, incluindo suas decisões, pode ser visualizado aqui: <http://inter03.tse.jus.br/sadpPush/ExibirDadosProcesso.do?nprot=1582872014&comboTribunal=rj>. Acesso em 20/01/2015.
2. *Ibidem.*
3. Os dados da reclamação 18.776 podem ser visualizados aqui: <http://stf.jus.br/portal/processo/verProcessoAndamento.asp?incidente=4645714>. Acesso em 20/01/2015.
4. A título de exemplo, cita-se a Resolução 541/14 do TRE-CE, que estabelece que o poder de polícia na fiscalização da propaganda será exercido pelos juízes eleitorais, mencionando a impossibilidade de censura prévia nos meios de comunicação. Outro exemplo é a Resolução 30/09 do TRE-RN, que replica os mesmos termos da resolução do TRE-CE.
5. O glossário do TSE pode ser acessado em: <http://www.tse.jus.br/eleitor/glossario/termos-iniciados-com-a-letra-p#propaganda-eleitoral>. Acesso em 25/01/2015.
6. A cartilha está acessível em: <http://www.tre-rj.jus.br/site/jsp/download_arquivo.jsp?id=84868>. Acesso em 25/01/2015. A citação em questão é da seguinte obra: GOMES, José Jairo. *Direito eleitoral.* 9a. ed. revista, atualizada e ampliada. São Paulo: Atlas, 2013, p. 370.
7. Durante o período eleitoral de 2014, um caso ilustrou a indefinição do termo propaganda eleitoral. Na RP 84.975, a coligação da candidata Dilma Rousseff solicitou a remoção de conteúdo publicitário veiculado pela Empiricus Consultorias & Negócios, que apregoava o fim do Brasil no caso de vitória da candidata. Em decisão liminar, o ministro Admar Gonzaga entendeu que o conteúdo tinha caráter de propaganda eleitoral, determinando a suspensão da propaganda. O Plenário do TSE, entretanto, reverteu a decisão. O julgamento do caso pode ser visto em <https://www.youtube.com/watch?v=l5LyEzkQlNU&feature=youtu.be>. Acesso em 27/01/2015.

8. É importante destacar que o TSE decidiu que a manifestação política pelo Twitter não é considerada propaganda política, pois os tuítes "possuem caráter de conversa restrita aos usuários previamente aceitos entre si". Entretanto, o mesmo raciocínio não vale para outras redes sociais com dinâmicas distintas, ou mesmo para blogs e sites tradicionais. Ver: <http://www.tse.jus.br/noticias-tse/2013/Setembro/tse-decide-que-debate-politico-pelo-twitter-nao-configura-propaganda--eleitoral>. Acesso em 28/01/2015.

14. WhatsApp
A nova vedete das campanhas eleitorais
Marília Maciel

> *De uma vez só você envia para um grupo de 50 pessoas uma peça publicitária que, em questão de segundos, já que todo mundo vive on-line nessa vida, cada um dos 50 reenvia para vários outros grupos [...]E em questão de segundos serão milhares, milhões...*
>
> Thaisa Galvão[1]

O uso da tecnologia em campanhas eleitorais encontra-se cada vez mais difundido. Em 2008, o presidente Barack Obama inovou ao utilizar intensivamente as redes sociais em sua campanha para a Casa Branca. Atualmente, o uso de plataformas como Facebook e Twitter faz parte das estratégias de comunicação dos candidatos.

A atenção dos eleitores, que antes se concentrava em mídias de massa como a televisão e o rádio, está cada vez mais fragmentada na internet. Ao mesmo tempo, o acesso à informação se dá crescentemente por meio de aparelhos móveis, como os telefones celulares. Isso contribui para que o tempo de atenção às mensagens seja mais curto. Os setores responsáveis pelo marketing dos candidatos têm buscado se adaptar a essa realidade. Nesse contexto, uma das novidades que marcou as eleições de 2014 foi o envio de mensagens e vídeos por celular, utilizando serviços de mensagens de texto curtas (SMS) e, principalmente, aplicativos como o WhatsApp.

As ações de marketing especialmente voltadas aos aplicativos de mensagens instantâneas podem ser notadas em diversos setores, sobretudo no intuito de reforçar marcas de produtos entre os consumidores.[2] O marketing eleitoral está acompanhando essa tendência.

O WhatsApp tem sido uma ferramenta importante nas campanhas eleitorais em países de diferentes matrizes culturais como Israel, Espanha e Índia. Nesse último, chegou-se a aventar que a campanha pelo WhatsApp teria um papel decisivo nas eleições.[3] No caso do Brasil, o uso do aplicativo tem gerado polêmica, principalmente em razão de considerações sobre o direito à privacidade dos destinatários.

Esse artigo tem como objetivo: a) apontar os principais pontos que geraram controvérsia no que diz respeito ao uso do WhatsApp durante a campanha eleitoral de 2014; b) analisar os dispositivos que tratam de mensagens instantâneas na Regulamentação 23.404 do TSE; c) elencar alguns casos em que o WhatsApp foi utilizado de maneira mais interativa, aproveitando o potencial de comunicação bidirecional possibilitado pela plataforma; d) tecer algumas conclusões sobre o assunto e apontar potenciais caminhos a explorar.

Introdução do WhatsApp na campanha de 2014

O WhatsApp é o serviço de mensagens com maior penetração e que mais cresce no Brasil, estando presente em mais de 70% dos aparelhos celulares.[4] A plataforma tem mais de sessenta milhões de usuários ativos no país e mais de setecentos milhões em todo o mundo.[5]

Ao recomendar o uso do WhatsApp nas eleições de 2014, os responsáveis pelo marketing das campanhas perceberam três tipos principais de ações possíveis na plataforma: a criação de grupos para conversação entre militantes e apoiadores; o uso para disseminar conteúdo que os apoiadores poderiam propagar entre seus contatos e a comunicação direta entre o candidato e a população em geral, desde que a pessoa tenha demonstrado interesse em receber as informações.[6]

A comunicação com a militância seguiu os dois primeiros modelos, por meio da criação de grupos no WhatsApp e do envio de mensagens diretamente a apoiadores que cadastraram seu número de celular na base de dados dos partidos. O PT chegou a disponibilizar números de telefone que os militantes poderiam adicionar aos seus contatos. O conteúdo era então enviado individualmente a cada militante, que se encarregava de compartilhá-lo em suas redes.

A importância atribuída ao WhatsApp foi tão significativa que os partidos investiram na criação de conteúdo voltado para a plataforma. Às vésperas do jogo entre o Brasil e a Alemanha durante a Copa do Mundo, uma foto da presidenta Dilma Rousseff fazendo um "T" com os braços, em alusão ao "É tóis", sinal feito pelo atacante Neymar, foi viralizada.

A grande polêmica relacionada ao uso do WhatsApp diz respeito às mensagens enviadas diretamente a cidadãos que não haviam pedido para fazer parte da lista de contatos dos candidatos. Diante de reclamações dos destinatários, no Rio de Janeiro, por exemplo, a Procuradoria Geral Eleitoral moveu uma ação contra o candidato a governador Luiz Fernando Pezão pelo uso indevido do WhatsApp, sob a alegação de que o envio massivo de mensagens indesejáveis viola a intimidade e a vida privada dos indivíduos.[7]

As empresas de marketing têm incluído em seu portfólio a realização de campanhas pelo WhatsApp e vendem pacotes para o envio de mensagens. Em um desses anúncios, o custo pode variar entre 500 reais para o envio de cinco mil mensagens e 5 mil reais para mandar cem mil mensagens,[8] valores bastante acessíveis considerando os recursos empregados nas campanhas eleitorais.

Essas empresas utilizam-se de softwares, a exemplo do WhatsApp Bulk Sender, para o envio massivo de mensagens por diferentes números de WhatsApp ativos, chamados "canais". Diferentes canais são necessários para que o WhatsApp não consiga bloquear o remetente em decorrência de considerá-lo um *spammer*. Algumas empresas apontam como diferencial do seu serviço o acesso à sua base de dados, contendo grande número de canais de WhatsApp, originários do Brasil e do exterior. Além disso, há softwares utilizados para gerar números de celular — ou importar uma base de dados de números de celular — e verificar se eles se encontram ativos no WhatsApp. Desse modo, qualquer indivíduo com conhecimento necessário para o uso desses softwares pode mandar mensagens em massa. O marketing pelo WhatsApp é um negócio em expansão, oferecido não só por agências, mas também por freelances na internet.

O WhatsApp e a regulação da campanha pela internet em 2014

A propaganda eleitoral foi disciplinada pelo Tribunal Superior Eleitoral (TSE) para as eleições de 2014 por meio da Resolução 23.404.[9] Nela o TSE dispôs sobre alguns limites para a propaganda na internet.

> Art. 20. A propaganda eleitoral na internet poderá ser realizada nas seguintes formas:
> [...]
> III — por meio de mensagem eletrônica para endereços cadastrados gratuitamente pelo candidato, partido ou coligação;
> IV — por meio de blogs, redes sociais, sítios de mensagens instantâneas e assemelhados, cujo conteúdo seja gerado ou editado por candidatos, partidos ou coligações ou de iniciativa de qualquer pessoa natural.
> [...]
> Art. 25. As mensagens eletrônicas enviadas por candidato, partido ou coligação, por qualquer meio, deverão dispor de mecanismo que permita seu descadastramento pelo destinatário, obrigado o remetente a providenciá-lo no prazo de 48 horas.[10]

O primeiro ponto a analisar acerca da aplicação da resolução do TSE diz respeito à terminologia empregada. A expressão "mensagens eletrônicas" geralmente remete à troca de e-mails, e esse parece ser o sentido com que foi empregada no art. 20, III. Entretanto, o art. 25 trata de mensagens eletrônicas com intuito de fazer referência a mensagem enviada "por qualquer meio" eletrônico, ampliando o escopo da exigência de que se disponibilize a opção de descadastramento.

Ao mencionar sua aplicação aos "sítios de mensagens instantâneas" (art. 20, IV), a regulação pode levar a uma associação com os sites de ferramentas de bate-papo como o MSN, o ICQ e o GTalk, e não necessariamente a aplicativos de mensagens. Entretanto, cria-se a possibilidade de uma interpretação por analogia, quando a expressão "ou assemelhados" é acrescentada, algo que é benéfico em um cenário de rápido desenvolvimento tecnológico.

Uma diferença entre o WhatsApp e as ferramentas de bate-papo tradicionais, como o GTalk, é que nelas o indivíduo pode ficar off-line e receber mensagens quando for conveniente. No WhatsApp não há essa opção, e um celular com conexão à internet receberá as mensagens imediatamente, o que pode ser mais invasivo do ponto de vista da intimidade do usuário e reforça a necessidade de prover uma opção de descadastramento.

No que diz respeito à entrega da mensagem sempre em tempo real, o WhatsApp se assemelha a uma mensagem enviada por SMS. Em 2012, o envio de mensagens publicitárias por meio de SMS foi considerado invasivo pela Anatel. A agência determinou que as operadoras de telefonia são obrigadas a oferecer a opção de descadastramento para os clientes que não desejem receber publicidade. Além disso, devem ajustar seus contratos para que o recebimento de mensagens tome a forma do *opt-in*, ou seja, o padrão contratual seria que as operadoras não deveriam poder enviar publicidade, a não ser que o cliente expressamente aceite recebê-la. Essa determinação da Anatel encontra-se em consonância com o Código de Defesa do Consumidor, que proíbe o envio ou entrega de qualquer produto ou serviço sem solicitação prévia.

Os candidatos que foram advertidos por realizar campanha pelo WhatsApp nas eleições de 2014 argumentaram que a plataforma possui uma funcionalidade que permite o bloqueio de qualquer usuário. Caso o destinatário considerasse abusivas as mensagens enviadas pelos candidatos, seria possível bloquear o número de telefone responsável pelo envio. Essa é uma medida possível. Entretanto, como mencionado anteriormente, as mensagens podem ser enviadas por diferentes canais. Dessa forma, os responsáveis pelo marketing podem contornar o bloqueio com facilidade.

Além disso, o artigo 25 da Resolução 23.404 do TSE é claro e exige a possibilidade de descadastramento da base de dados do candidato em um prazo de 48 horas. Essa medida visa a proteger não somente a intimidade e o sossego do indivíduo, mas também o direito que possui de manter o controle sobre seus dados pessoais e proteger sua privacidade.

Por fim, a Resolução 23.404 do TSE também trata da proibição da prática do telemarketing, independentemente do horário. Não há uma definição clara de telemarketing na legislação. Nesse sentido, em um contexto em que o WhatsApp está introduzindo no mercado brasileiro a possibilidade de realizar chamadas de voz por meio do aplicativo, seria interessante maior clareza acerca da possibilidade de estender essa proibição para chamadas por meio do WhatsApp.

Estratégias de marketing que se ajustam à cultura de diálogo no WhatsApp

Uma diferença entre as redes sociais tradicionais e os aplicativos de mensagens eletrônicas é que esses últimos permitem um diálogo em um ambiente privado, com um número limitado de pessoas. Isso poderia incentivar a aproximação e um efetivo debate entre candidatos e eleitores. Entretanto, o uso de aplicativos de mensagens instantâneas pelos candidatos tem focado no espraiamento de conteúdo, mantendo-se na lógica de comunicação unidirecional que caracteriza as mídias mais tradicionais.

Um caso interessante que aponta para possibilidades de uso mais interativo de ferramentas como o WhatsApp ocorreu em Israel. O ex--secretário do Tesouro, Yair Lapid, participou de um bate-papo em um grupo no WhatsApp dedicado a pessoas interessadas em tecnologia.[11] No momento combinado, Lapid foi adicionado ao grupo e respondeu a perguntas e comentários dos seus membros. Inciativas semelhantes poderiam ser particularmente interessantes para permitir a interação dos candidatos com grupos da sociedade civil que são formadores de opinião.

Outros exemplos de uso criativo do WhatsApp podem ser encontrados em campanhas publicitárias. Um caso frequentemente citado é o da marca de chocolate Klik.[12] Para atingir o público jovem, cuja principal plataforma de comunicação é o WhatsApp, lançou-se uma estratégia de marketing baseada em um jogo. O número de telefone do Klik era publicado no Facebook e os fãs da página poderiam adicionar esse telefone aos seus grupos de contatos. Assim que o Klik era adicionado, o jogo começava. O Klik sugeria tarefas aos participantes, como fazer imitações ou postar fotos no grupo. A estratégia atingiu mais de 2 mil jovens e os impactos positivos reverberaram também no Facebook, no qual a taxa de engajamento com as postagens da marca cresceu mais de 50%.

O equilíbrio entre estratégias que visam a espalhar e replicar mensagens e os usos interativos permitidos pelo WhatsApp podem ser balanceados em estratégias de campanhas futuras, de modo que as potencialidades da plataforma possam ser de fato exploradas.

Conclusão

Embora o uso intensivo do WhatsApp fosse um fenômeno previsto antes das eleições, a regulação eleitoral cautelosamente evitou tratar de modo claro essa matéria. É possível que essa tenha sido uma atitude acertada, que permitiu verificar como ocorreram de fato as primeiras experiências de uso do aplicativo pelos candidatos. Entretanto, surgiram situações que necessitam ser disciplinadas para que o interesse legítimo dos candidatos em fazer a informação chegar ao eleitor possa ser equilibrado com o direito ao sossego e à privacidade dos indivíduos.

A terminologia utilizada pela regulação eleitoral, ou sua interpretação pelo Judiciário, deve dar clareza ao enquadramento do WhatsApp. Diferentes funcionalidades da plataforma podem ser comparadas a chamadas de voz, ou mesmo ao envio de mensagens em tempo real (SMS). O bloqueio de determinados números de telefone por parte do destinatário, impedindo a entrega de mensagens abusivas, não é suficiente para satisfazer o direito ao total descadastramento das bases de dados dos candidatos, conforme o art. 25 da resolução do TSE. O descadastramento é medida importante para mitigar violações à intimidade e à privacidade. Espera-se que nas eleições de 2016 a regulação eleitoral trate desses pontos para que as potencialidades do WhatsApp e de outras plataformas semelhantes possam ser utilizadas em consonância com os direitos individuais.

Notas

1. GALVÃO, Thaisa. "WhatsApp será a grande arma de marketing dessa campanha". Disponível em: <http://www.thaisagalvao.com.br/2014/03/30/whatsapp-sera-a-grande-arma-de-marketing-dessa-campanha>. Acesso em 22/03/2014.
2. "The Upward Labs Team. Is WhatsApp the next horizon for brands?" Disponível em: <https://www.upwardlabs.com/blog/is-whatsapp-the-next-horizon-for-brands>. Acesso em 22/03/2015.
3. RUBLE, Kayla. "WhatsApp and Social media could determine India's Elections". Disponível em: <https://news.vice.com/article/whatsapp-and-social-media-could-determine-indias-elections>. Acesso em 22/03/2015.
4. "Convergência Digital. No Brasil, WhatsApp chega a 74% dos usuários de celulares." Disponível em: <http://convergenciadigital.uol.com.br/cgi/cgilua.exe/sys/start.htm?infoid=36463&#.VRHHKuEso8A>. Acesso em 22/03/2015.
5. WhatsApp atinge os setecentos milhões de usuários por mês em todo o mundo. Disponível em: <http://g1.globo.com/tecnologia/noticia/2015/01/whatsapp-atinge-os-700-milhoes-de-usuarios-por-mes-em-todo-o-mundo.html>. Acesso em 22/03/2015.

6. ANDRADE, Ednalva. "Em 2014, é a vez da campanha pelo Facebook e WhatsApp". Disponível em: <http://gazetaonline.globo.com/_conteudo/2014/01/noticias/politica/1475395-em-2014-e-a-vez-da-campanha-pelo-facebook-e-whatsapp.html>. Acesso em 22/03/2015.
7. MINISTÉRIO PÚBLICO FEDERAL. PRE/RJ. "Pezão é multado por uso indevido do WhatsApp nas eleições." Disponível em: <http://noticias.pgr.mpf.mp.br/noticias/noticias-do-site/copy_of_eleitoral/pre-rj-pezao-e-multado-por-uso-indevido-do-whatsapp-nas-eleicoes>. Acesso em 22/03/2015.
8. AGÊNCIA FOX. WhatsApp Marketing. <http://www.agenciafox.com/#!whatsapp-marketing/cety>. Acesso em 22/03/2015.
9. Disponível em: <http://www.tse.jus.br/eleicoes/eleicoes-2014/normas-e-documentacoes/resolucao-no-23.404>. Acesso em 22/03/2015.
10. Lei nº 9.504/97, art. 57-G, *caput*.
11. STERN, Morad. "WhatsApp: Surprising Platform in Israel's Government Election Campaign". Disponível em: <http://blogs.timesofisrael.com/whatsapp-surprising-platform-in-israels-government-election-campaign/>. Acesso em 22/03/2015.
12. "World's Best Case Studies." Disponível em: <http://worldsbestcasestudies.com/consumer-goods/fmcg/klik-whatsapp-campaign-case-study/>. Acesso em 22/03/2015.

15. Por que não se deve limitar a divulgação de pesquisas, exceto talvez no dia da eleição?
Eduardo Muylaert

A questão das pesquisas eleitorais sempre foi e continua sendo foco de conflitos. Entre nós, retoma-se a discussão sobre a possibilidade da proibição de sua divulgação alguns dias antes da eleição, no chamado período de embargo, ou blackout. Nossa lei, no passado, continha essa vedação, em prazos que variavam. Com a Constituição de 1988, o STF entendeu que a limitação viola o princípio da liberdade de expressão e de informação. Atualmente, mesmo no dia da eleição é possível divulgar pesquisas eleitorais, salvo as de boca de urna, que devem esperar o encerramento da votação. Mas foi aprovada na CCJ do Senado, em dezembro de 2014, uma PEC que retoma a proibição, abrindo novo capítulo no confronto entre os poderes. Nesse quadro, o assunto das pesquisas, sempre polêmico, retoma atualidade e merece atenção, até para evitar retrocessos.

A PEC 57 do Senado quer reintroduzir o embargo. Tudo recomeçou em 2012, quando o senador Luiz Henrique, ex-governador de Santa Catarina, apresentou no Senado a Proposta de Emenda à Constituição 57, visando vedar a divulgação de pesquisas nos quinze dias que antecedem a eleição. A redação não poderia ser mais singela: "Art. 16-A. É vedada a divulgação de pesquisas eleitorais, por qualquer meio, nos quinze dias que antecedem os pleitos eleitorais em 1º e 2º turnos."

A proibição, diz a justificativa, já havia sido estabelecida pela Lei nº 11.300, de 10 de maio de 2006. O artigo 35-A, acrescentado à Lei das Eleições (Lei 9.504/1997), proibia a divulgação de pesquisa por qualquer meio de comunicação a partir do 15º dia anterior até as 18h do dia do pleito, mas foi fulminado pelo STF, por ser inconstitucional.

"Lamentavelmente", diz o autor da PEC, "o Supremo Tribunal Federal entendeu que fixar esse prazo por lei ordinária não seria o meio adequado [sic]." Na verdade, a motivação da decisão da Suprema Corte na ADIn 3.741-2 foi mais abrangente, como se verá adiante. A proposta destaca que o eleitor baseia seu voto também na informação probabilística, portanto incerta, das pesquisas, e assim a intenção da emenda é evitar interferência indevida no resultado eleitoral. Citam-se alguns prognósticos contraditórios e não confirmados do Ibope nas eleições municipais de 2002, inclusive em Santa Catarina, estado de origem do proponente.

Quantos candidatos já perderam a eleição por conta do poder indutor de pesquisas eleitorais imprecisas, improváveis, inexatas, sem falar naquelas que são encomendadas para induzir o voto do eleitor? Indaga — mas não responde — a justificativa.

A visão equivocada da CCJ

O parecer do senador Randolfe Rodrigues, aprovado pela Comissão de Constituição e Justiça do Senado, reconhece que a atual legislação não efetua qualquer ressalva quanto ao prazo para realização e divulgação de pesquisas eleitorais, de forma que o TSE, com base em seu poder regulamentar, tem expedido resoluções que permitem a divulgação de pesquisa a qualquer momento, inclusive no dia das eleições, desde que respeitado o prazo legal de cinco dias para o respectivo registro.

Apresenta, em seguida, uma argumentação que constitui verdadeiro sofisma:

No que se refere aos direitos e garantias individuais, embora o STF já tenha se manifestado em outra oportunidade que norma legal com tal conteúdo viola a livre manifestação do pensamento e a liberdade de acesso à informação, entendo que tal entendimento encontra-se superado e a atual realidade do processo eleitoral brasileiro impõe uma visão jurídica que admita excepcionalmente a restrição a tais direitos fundamentais à luz do princípio da proporcionalidade, visto que tal medida se revela necessária e adequada a garantir a livre manifestação da vontade do eleitor, isenta de manipulação indevida por parte dos meios de comunicação.

"Nada melhor", prossegue a manifestação,

do que as inúmeras discrepâncias das pesquisas nas eleições municipais de 2012 para justificar a necessidade de evolução na jurisprudência do STF, no sentido de se aperfeiçoar o processo eleitoral e admitir a proibição de pesquisas nos quinze dias que antecedem o pleito, uma vez que sua manutenção pode ensejar interferência indevida no resultado das urnas em razão da manipulação na formação da opinião do eleitor.

A proposição não padeceria de inconstitucionalidade material, uma vez que

a restrição estabelecida ao direito de informação é legítima e proporcional ao resultado que se pretende obter, qual seja, assegurar a observância dos princípios democráticos, tais como a igualdade entre candidatos na disputa pelo voto e a liberdade de formação da opinião do cidadão eleitor, com base em informações livres de distorções e na propaganda eleitoral realizada nos termos da lei [sic].[1]

As propostas de emenda no Senado

Duas propostas de emenda ao projeto, apenas, foram apresentadas no Senado.

A senadora Lúcia Vânia, contrária à proibição, quis em substituição trazer para dentro da Constituição quase toda a regulamentação das pesquisas contida na Lei das Eleições, inflando o artigo 16 a pretexto de que a divulgação de pesquisas eleitorais garante o direito dos eleitores à informação:

> Art. 16-A As pesquisas eleitorais serão regidas por normas específicas, previstas em lei complementar, observados os seguintes critérios, entre outros:
> I — prévia definição de amostragens e margens estatísticas;
> II — obrigatoriedade de registro perante a Justiça Eleitoral;
> III — transparência e ampla publicidade na identificação de entidades contratantes;
> IV — definição de conjunto mínimo de informações a ser veiculado quando da divulgação de resultados; e
> V — definição de responsabilidades civil e criminal das entidades realizadoras das pesquisas, assim como das entidades contratantes e de pessoas físicas ou jurídicas divulgadoras dos resultados.

Já o senador Cássio Cunha Lima, além da proibição da divulgação perto da eleição, quer impor a separação de clientelas, com a obrigatoriedade de os institutos optarem, em cada ano eleitoral, por um determinado tipo de cliente, com o que forneceriam ao eleitor "uma garantia de qualidade da informação a que é exposto":

> § 1º É vedado, às entidades e empresas que realizam pesquisas de opinião pública relativas às eleições ou aos candidatos, a prestação de serviços, a mais de um dos seguintes tipos de clientes:
> a) governos Federal, Estadual e Municipal;
> b) partidos e/ou candidatos; e
> c) meios de comunicação.

A ideia é a de superar possíveis conflitos de interesse. Mesmo sem fraude ou de adulteração de resultados, as escolhas feitas pelos arquitetos das pesquisas, dentro dos limites aceitáveis de variação, poderiam produzir resultados distintos, "alguns com algum viés favorável a candidatos e partidos, inclusive do governo, outros com o viés de quem tem interesse em divulgar informação o mais isenta possível".

O blackout inconstitucional

O famigerado artigo 35-A da Lei 9.504/1997, introduzido pela Lei 11.300/2006, era idêntico à emenda constitucional ora proposta: "Art. 35-A. É vedada a divulgação de pesquisas eleitorais por qualquer meio de comunicação, a partir do décimo quinto dia anterior até as 18 (dezoito) horas do dia do pleito."

O Supremo julgou nessa parte a ADIn 37.41-2 procedente, por unanimidade, para declarar inconstitucional o artigo em questão. O voto do relator, ministro Ricardo Lewandowski, é de inequívoca clareza, não só sob o prisma da liberdade de informação e de expressão, amplamente analisadas, como dos aspectos práticos da questão: "Quando [...] se examina o art. 35-A, não há como evitar-se uma perplexidade no tocante ao seu alinhamento com o texto constitucional."[2]

O aresto começa com cuidadosa análise das regras constitucionais garantidoras dos direitos e garantias fundamentais, especialmente a liberdade de informação, como corolário da liberdade de expressão, "protegida desde os primórdios da Era Moderna", para afirmar sua violação.

Acrescenta ainda que,

> proibição da divulgação de pesquisas eleitorais, em nossa realidade, apenas contribuiria para ensejar a circulação de boatos e dados apócrifos, dando azo a toda a sorte de manipulações indevidas, que acabariam por solapar a confiança do povo no processo eleitoral, atingindo-o no que ele tem de fundamental, que é exatamente a livre circulação de informações. De resto, vedar-se a divulgação de pesquisas a pretexto de que estas poderiam influir, de um modo ou de outro, na disposição dos eleitores, afigura-se tão impróprio como proibir-se a divulgação de

previsões meteorológicas, prognósticos econômicos ou boletins de trânsito antes das eleições, ao argumento de que teriam o condão de alterar o ânimo dos cidadãos e, em consequência, o resultado do pleito.[3]

Os prazos propostos e o fim da limitação

O descartado artigo 35-A originou-se de emenda ao projeto de lei do Senado (PLS 275/2005), que acabou se transformando na Lei 11.300/2006. Das 99 emendas então apresentadas, cerca de 10% visavam a proibição descartada pelo STF, variando apenas o prazo anterior às eleições: 48 horas (emenda 2), 72 horas (emenda 22), cinco dias (emenda 44), dez dias (emendas 15 e 84), quinze dias (emendas 30 e 75), noventa dias (emenda 4), desde 1º de agosto (emenda 69). Mais uma vez se verifica o interesse, para não dizer paixão, que o assunto desperta entre os parlamentares.

Tentou-se, assim, na regra inconstitucional, restabelecer as proibições anteriores à Carta de 1988. O Código Eleitoral falava em quinze dias, depois passou a 21 (Lei 7.408/1986) e, finalmente, trinta (Lei 7.664/1988). Logo após a promulgação da Constituição, o TSE felizmente consagrou a posição liberal, concedendo mandado de segurança para declarar a norma proibitiva incompatível com o art. 220, §1º, da Constituição de 1988, entendendo-se ab-rogada desde a vigência da nova Lei Fundamental.

Ficou assente, desde logo, que não pode ser impedida a divulgação de pesquisas com puro intuito de informação jornalística sobre a tendência do eleitorado em determinado momento, desde que não se verifique a existência de direcionamento pelo poder econômico.[4]

A disciplina das pesquisas na lei atual

Para impedir o mau uso das pesquisas eleitorais, a Lei das Eleições criou disciplina específica em seus artigos 33 e seguintes, com regulamentação bastante complexa. Acabou, inclusive, por proibir a partir de agora a divulgação de enquetes sem rigor metodológico, que eram até então toleradas, desde que esclarecida essa circunstância.

Em ano eleitoral, é necessário o registro, junto à Justiça Eleitoral, até cinco dias antes da divulgação, de inúmeras informações:

> I — quem contratou a pesquisa;
> II — valor e origem dos recursos despendidos no trabalho;
> III — metodologia e período de realização da pesquisa;
> IV — plano amostral e ponderação quanto a sexo, idade, grau de instrução, nível econômico e área física de realização do trabalho a ser executado, intervalo de confiança e margem de erro.
> V — sistema interno de controle e verificação, conferência e fiscalização da coleta de dados e do trabalho de campo;
> VI — questionário completo aplicado ou a ser aplicado;
> VII — o nome de quem pagou pela realização do trabalho e cópia da respectiva nota fiscal.[5]

A divulgação de pesquisa sem esse registro prévio sujeita os responsáveis a multas de valor expressivo (50 a 100 mil Ufir). A multa é devida, segundo a jurisprudência, "ainda que a divulgação ocorra em entrevista, de forma parcial, ou tenha apenas reproduzido o que os meios de comunicação veicularam indevidamente". Também quando há divulgação antes do prazo.

Já a divulgação de pesquisa fraudulenta é crime, punível com detenção de seis meses a um ano e multa.

Os partidos podem ter acesso ao sistema interno de controle, verificação e fiscalização da coleta de dados das entidades que divulgaram pesquisas de opinião relativas às eleições. Qualquer ato que vise a retardar, impedir ou dificultar a ação fiscalizadora dos partidos também constitui crime, com a mesma pena, prevista alternativa de prestação de serviços à comunidade, e multa.

Apesar da forte desconfiança existente em relação às pesquisas, com a possibilidade de seu mau uso representar interferência indevida no processo eleitoral, essas cautelas foram consideradas suficientes pelo legislador.

O que a lei deve e quer evitar é a divulgação da pesquisa tendenciosa, anota Djalma Pinto, aquela sem nenhum critério científico, cujo propósito deliberado é transmitir ao grande público a falsa impressão de que determinado candidato é o preferido na disputa. "Por outro lado", ressalva,

> muitos candidatos somente confiam em pesquisas que lhes são favoráveis. [...] Muitos sobrepõem aos resultados apresentados a vaidade pessoal e a ambição para exercer o poder. O resultado, via de regra, é trágico para si e para seu grupo de abnegados, levado ao sacrifício para atender o capricho do candidato vaidoso, sobre cuja derrota somente o próprio não acreditava.[6]

O objetivo das pesquisas

O objetivo das pesquisas eleitorais é prever o resultado da eleição. A afirmação peremptória abre o capítulo 9 de um dos maiores clássicos do jornalismo, *Precision Journalism*:

> Editores, pesquisadores e especialistas vão maldizer, fugir ou ignorar a verdade dessa declaração, às vezes com grande energia. Mas ainda assim é verdade.[7]

O único teste de validade da pesquisa, para ele, é o resultado da eleição, com o qual a previsão pode ser comparada. Se os valores reais pudessem ser medidos durante a campanha, e não somente estimados, nem haveria necessidade das pesquisas, embora estas sirvam também para detectar as preocupações dos eleitores, ajudando a formular estratégias.

Para a pesquisa ser útil, é essencial partir de uma representação válida do eleitorado, a chamada amostragem dos votantes. Quanto mais acurada e representativa, mais precisos os resultados.

A pesquisa tem base científica, mas é também uma arte que, como a engenharia, evolui a partir dos grandes desastres. O primeiro ocorreu com o *Literary Digest*, que previu a derrota de Roosevelt na eleição de 1936. A amostragem que dera certo em 1932, baseada em proprietários de veículos e telefones, falhou, pois o New Deal conquistara nova base de apoio incluindo trabalhadores e minorias. George Gallup tinha uma amostragem menos enviesada, acertou o resultado e se firmou.

Outra catástrofe histórica ocorreu na eleição de 1948, quando Harry Truman bateu Thomas Dewey, apontado como vitorioso na maioria das pesquisas, ainda afeitas a um modelo estático. Muitos eleitores mudaram de ideia na última hora, e até o *Chicago Tribune* teve que ser recolhido, pois saíra com a manchete: "Dewey Presidente."

A boa ponderação de segmentos expressivos é essencial para obter resultados corretos. A competição entre vários institutos torna as pesquisas mais confiáveis, na medida em que os que se expõem a erros perdem prestígio e clientes. Na avaliação de Philip Mayer, embora inúmeros fatores de instabilidade dificultem as previsões eleitorais, o resultado das pesquisas sérias tem sido bem razoável.

A eleição em que Kennedy derrotou Nixon em 1960 aparece no episódio 12 da primeira temporada da série televisiva *Mad Men*, criada por Matthew Weiner. Na agência da Madison Avenue todos torcem por Nixon e festejam sua vitória por antecipação, apesar de os ânimos oscilarem ao sabor das previsões na TV e das doses de uísque. Na manhã seguinte, os jornais anunciam resultados contraditórios. Finalmente Don Draper volta para casa, na noite seguinte, e assiste melancólico ao replay na TV do discurso em que Nixon reconhece a vitória do adversário. Os resultados foram apertados e o pleito foi marcado pela influência da TV: 75 milhões de espectadores assistiram ao debate de um Nixon cansado com o então quase desconhecido senador do Massachusetts.

A contribuição das ciências sociais

Antes da era dos institutos de pesquisa, e mesmo após, os governos sempre se apoiaram nas análises dos órgãos de segurança pública, com suas redes espalhadas por todo o território, para prever o resultado das eleições. Desde o século XIX, no mundo todo, a polícia aumentou sua atividade de observação e foi a principal fonte de previsão eleitoral, inclusive no Brasil. Hoje prevalece a pesquisa especializada.

"Sem sombra de dúvida, subiu o status do cientista social e, desde então, a pesquisa de opinião pública, as sondagens pré-eleitorais, foram vistas como poderosos instrumentos à disposição de políticos, candidatos, governos, profissionais da comunicação etc.",[8] observa Lúcia Avelar, apesar do permanente clima de desconfiança e da discussão em torno da legitimidade das pesquisas. Mas ela mesma indaga: "Será mesmo possível estabelecer uma relação entre atitudes e comportamento de coletividades e fatos políticos significativos?"[9]

Já o professor Lionel Marquis, do Centro de Ciência Política de Berna, avança na análise do modo como as pesquisas influenciam a comunicação política nas sociedades contemporâneas e suas interações com os políticos e com os meios de comunicação, que as usam para os fins mais diversos. Sua conclusão é que as sondagens exercem principalmente um impacto indireto nas competições eleitorais, operando uma primeira seleção entre os candidatos e condicionando a percepção dos resultados por líderes e jornalistas. Ainda, apresenta alguns mecanismos psicológicos que procuram explicar a mudança de preferências em face dos resultados das sondagens.[10]

Philip Mayer, que estabeleceu os cânones do jornalismo de precisão, apoiado em métodos das ciências sociais, é relativamente otimista em suas conclusões finais quando diz que um jornalismo baseado no método científico deixa um rastro onde o erro pode ser detectado, e a verdade, verificada. A comparação das previsões com o resultado das urnas é um jeito maravilhoso para o público julgar, e os jornalistas não deveriam criar obstáculos para inibir ou embaralhar esse julgamento.

Também é positivo o balanço de Wladimir G. Gramacho, pesquisador da Universidade de Brasília, após analisar 156 pesquisas realizadas nas eleições de 2010, tentando descrever e explicar as discrepâncias em relação aos resultados das urnas, inclusive com a busca de eventual viés partidário. Ocorreram erros superiores às margens informadas à Justiça Eleitoral, mas não de modo a condenar a precisão e a neutralidade partidária do conjunto. Maiores discrepâncias foram encontradas: a) em pesquisas realizadas com maior antecedência; b) quando ainda no primeiro turno; c) em disputas pouco competitivas; d) quando havia poucos candidatos; e) nas eleições de governadores.[11]

O panorama internacional

Duas respeitadas instituições internacionais analisam em permanência a questão do embargo, postando-se sempre em defesa da liberdade de expressão. Um cuidadoso estudo comparativo das restrições foi publicado pela *ARTICLE 19*[12] — *Global Campaign for Free Expression*.

O grande número de regras restringindo a divulgação das pesquisas na mídia decorreu de que a cobertura da imprensa pode ser, às vezes, controversa, especialmente quando as pesquisas são feitas ou encomendadas por fontes não imparciais. Existem vários tipos possíveis de manipulação: na escolha das perguntas, na escolha da amostra, no momento em que as perguntas são feitas, e assim por diante. Nesse caso, as projeções podem produzir distorções, em vez de apenas refletir o momento. Houve o caso de uma campanha eleitoral, em São Paulo, em que um dos comitês monitorava os locais de coleta onde havia entrevistadores dos institutos e deslocava seus militantes para melhorar seus índices.

A restrição, entretanto, implica indesejável coibição à liberdade de expressão, interferindo no princípio da independência editorial e do direito do público de receber informação. O tempo da proibição varia. Existe completa liberdade nos Estados Unidos, Austrália, África do Sul e, acrescentamos, Brasil. Já em Singapura, abrange todo o período eleitoral. A Itália é a única democracia europeia que ainda mantém o prazo de quinze dias.

Na França e no Canadá, decisões judiciais reconheceram que proibições além do dia da eleição violariam a liberdade de expressão, garantida na Constituição. A lei francesa, assim, encurtou a proibição, que era de sete dias, para 24 horas antes da abertura das urnas. Ao discutir a reforma, os senadores também concluíram que as modernas tecnologias de comunicação minam a viabilidade dos blackouts de mídia, pois a informação pode ser publicada em outros países e estar disponível por satélite ou internet.

A conclusão da *ARTICLE 19* é que um embargo de mais de 24 horas raramente pode ser justificado fora de circunstâncias excepcionais.

Outro polo importante de reflexão é a Wapor (World Association for Public Opinion Research), que reúne pesquisadores do mundo todo e lhes serve de porta-voz. Fundada em 1947, patrocina o importante *International Journal of Public Opinion Research*, publicado pela Oxford University Press. Além de defender a liberdade de pesquisa, a organização preconiza boas práticas, inclusive com um código de ética aceito por muitas empresas. A instituição destaca também o papel importante das supremas cortes que declararam que as limitações à divulgação de pesquisas pré-eleitorais são violadoras do direito de expressão.

O relatório apresentado em 2012, *The Freedom to Publish Opinion Poll Results*, apresenta dados de 83 países, nos quais uma maioria de 45 não tem qualquer período de embargo. Entre os que consagram a liberdade ampla: Austrália, Áustria, Bangladesh, Bélgica, Dinamarca, Estônia, Finlândia, Alemanha, Islândia, Índia, Indonésia, Japão, Cazaquistão, Letônia, Malásia, Holanda, Nova Zelândia, Nigéria, Paquistão, Filipinas, África do Sul, Suécia, Tailândia, Emirados Árabes Unidos, Reino Unido e Estados Unidos. Podemos acrescentar o Brasil.

A conferência anual da WAPOR, de 16 a 19 de junho de 2015, em Buenos Aires, analisa "As redes de opinião pública: Novas teorias, novos métodos". O ponto de partida é próximo daquele fixado pela FGV Direito Rio no acompanhamento das eleições de 2014 — o modo como a informação e as tecnologias de comunicação, redes sociais incluídas —;

estão transformando a sociedade: mais especificamente, revolucionando a formação, articulação e expressão da opinião pública.[13]

Conclusão

Na eleição presidencial de 2014, Dilma Rousseff recebeu 54.501.118 votos (51,64% dos votos válidos) e Aécio Neves obteve 51.041.155 votos (48,36% dos votos válidos). Essa verdade é indiscutível: as pesquisas passam e o resultado fica. Valeria a pena ter proibido a divulgação das pesquisas, que não erraram muito? Que influência poderiam ter tido elas no resultado final?

No mundo conectado em que vivemos, as informações se espalham como um rastilho de pólvora. Proibir a divulgação é abrir caminho a acessos privilegiados, vazamentos, distorções, manipulações e boatos.

O STF, assim como outras Cortes Supremas no mundo, já afirmou, com todas as letras, que a proibição da divulgação de pesquisas nos dias que antecedem o pleito fere frontalmente a liberdade de expressão e a liberdade de informação garantidas na Constituição de 1988. Trata-se de cláusulas pétreas que não comportam modificação ou supressão e que nos permitirão resistir contra as tentativas de controle ou qualquer forma de restrição à liberdade de imprensa.

A proposta de emenda constitucional aprovada pela Comissão de Constituição e Justiça do Senado, voltando a instituir um embargo de quinze dias, não deve prevalecer. A argumentação de que a mudança pode ser feita por via de emenda à Constituição não se sustenta, pois a decisão anterior do STF situou a vedação no campo da violação das liberdades individuais. Contrariados com o que consideram ativismo judicial, setores do Congresso às vezes tentam enfrentar o Judiciário pela via legislativa, instaurando indesejável clima de conflito. Em matéria de liberdades públicas, entretanto, essa postura é totalmente inadmissível, pois a liberdade de expressão e a de informação se traduzem em cláusulas pétreas que não comportam restrição nem mesmo pela via de reforma constitucional.

A única restrição aceita em países como a França e o Canadá que não é considerada violação à liberdade de expressão é a vedação de divulgação das pesquisas 24 horas antes e no decorrer da eleição. A ideia de que o dia do voto é um dia de reflexão é respeitada entre nós, sendo proibido desde a véspera qualquer ato de campanha. Também a proibição de divulgação das pesquisas de boca de urna, antes do encerramento do pleito, é legítima e consagrada entre nós.

É uma emoção abrir os jornais na manhã da eleição e ver o resultado das últimas pesquisas. A emoção não seria menor se essas previsões fossem publicadas na véspera, nos deixando com nossas próprias percepções no domingo. Essa é uma discussão legítima, que deve ser aberta à sociedade. O que não se pode mais é retroceder aos tempos em que a informação nos era vedada, e a verdade, escamoteada.

Notas

1. Disponível em: <http://www.senado.gov.br/atividade/materia/getTexto.asp?t=137411>. Acesso em 14/05/2015.
2. Disponível em: <http://redir.stf.jus.br/paginadorpub/paginador jsp?docTP=AC&docID=408096>. Acesso em 14/05/2015.
3. *Ibidem*.
4. Resolução 10.305, de 27/10/1988, relatório: ministro Francisco Rezek; Resolução 10.306, de 27/10/1988, relatório: ministro Sebastião Reis.
5. Artigo 33 da Lei 9.504/97, com a redação da Lei 12.891/2013, aplicável às eleições municipais de 2016.
6. PINTIO, Djalma. *Direito eleitoral*. São Paulo: Forense, 2000.
7. MAYER, Philip. *Precision Journalism*, Boston: Rowman & Litlefield Publishers Inc., 2002. (Tradução livre)
8. LAZARSFELD; BERELSON; GAUDET. *The People's Choice*, Nova Iorque: Columbia University Press, 1948. *Apud* Lúcia Avelar, "Pesquisas pré-eleitorais em questão: teoria, técnica e ética e sua relação com o processo democrático". Disponível em: <http://www.unisc.br/portal/upload/com_arquivo/pesquisas_pre_eleitorais_em_questao_teoria_tecnica_e_etica_e_sua_relacao_com_o_processo_democratico.pdf>. Acesso em 14/05/2015.

9. AVELAR, Lúcia. "Pesquisas pré-eleitorais em questão: teoria, técnica e ética e sua relação com o processo democrático". Disponível em: <http://www.unisc.br/portal/upload/com_arquivo/1350500132.pdf>. Acesso em 06/05/2015.
10. MARQUIS, Lionel. *Sondages d'opinion et communication politique*, Les Cahiers du Cevipof n° 38, janeiro de 2005. Disponível em: <http://www.cevipof.com/fr/les-publications/les-cahiers-du-cevipof/bdd/publication/432>. Acesso em 06/05/2015.
11. GRAMACHO, Wladimir G. "À margem das margens? A precisão das pesquisas pré-eleitorais brasileiras em 2010", *Opinião Pública*, vol. 19, n. 1. Campinas, junho 2013, p. 65/80. Disponível em: <http://www.scielo.br/pdf/op/v19n1/v19n1a04.pdf>.
12. Disponível em: <http://www.article19.org>. Acesso em 06/05/2015.
13. Disponível em: <www.waporbuenosaires2015.org>. Acesso em 06/05/2015.

Sobre os autores

ADRIANA LACOMBE Possui graduação em Direito pela FGV Direito Rio, com semestre cursado em Harvard Law School. Atualmente é pesquisadora da FGV Direito Rio.

DIEGO WERNECK ARGUELHES Doutor em Direito e Master of Laws. Mestre Público pela Universidade do Estado do Rio de Janeiro (UERJ). (LL.M.) pela Yale Law School e bacharel em Direito pela Uerj. Professor de Direito Constitucional da FGV Direito Rio e pesquisador do Centro de Justiça e Sociedade (CJUS/FGV).

EDUARDO MAGRANI Doutorando e mestre em Teoria do Estado e Direito Constitucional pela PUC-Rio. Pesquisador líder de projetos na área de Democracia Digital no Centro de Tecnologia e Sociedade (CTS) da FGV Direito Rio. Professor convidado da graduação e pós-graduação da FGV Direito Rio. Cocoordenador da Newsletter internacional "Digital Rights: Latin America and the Caribbean" e do Creative Commons no Brasil.

EDUARDO MUYLAERT Advogado criminal, fotógrafo e professor associado da FGV Direito Rio. Foi secretário de Justiça e Segurança, além de juiz do TRE em São Paulo. Tem o DES de Direito Público da Faculdade de Direito de Paris II (Panthéon-Sorbonne) e cursou o Institut des Sciences Politiques de Paris. É comentarista convidado do *Jornal da Cultura* (TV Cultura, SP); tem vários livros publicados e obras nos acervos da Pinacoteca, do MAM e do MACS.

Fernando Fontainha Doutor em Ciência Política pela Université de Montpellier 1. Mestre em Sociologia e Direito pela UFF. Bacharel em Ciências Jurídicas e Sociais pela UFRJ. Pesquisador Associado do Cepel — Centre d'Études Politiques de l'Europe Latine. Diretor da Associação Brasileira de Ensino do Direito (ABEDi). Pesquisador do Centro de Justiça e Sociedade (CJUS) da FGV Direito Rio.

Iuri Pitta Jornalista formado pela PUC-SP, é editor-assistente de política do jornal O Estado de S. Paulo. Tem experiência como repórter, redator, editor e apresentador em veículos de comunicação como Editora Abril, Rádio Estadão e Rede TV!

Ivar A.M. Hartmann Doutorando em Direito Público pela Uerj. Mestre em Direito Público pela PUC-RS. LL.M. por Harvard Law School. Coordenador do projeto Supremo em Números. Pesquisador do Centro de Justiça e Sociedade (CJUS) da FGV Direito Rio.

Joaquim Falcão Doutor pela Universidade de Genebra, mestre por Harvard Law School, ex-membro do Conselho Nacional de Justiça. Professor de Direito Constitucional da FGV Direito Rio.

Luiz Fernando Marrey Moncau Gestor do Centro de Tecnologia e Sociedade (CTS) da FGV Direito Rio. É doutorando em Direito Constitucional pela PUC-Rio, mestre em Direito Constitucional pela PUC-Rio e formado em Direito pela PUC-SP.

Marília Maciel Pesquisadora e gestora do Centro de Tecnologia e Sociedade da FGV Direito Rio. Doutoranda em Relações Internacionais pela PUC-Rio. Mestre em Integração Latino-americana pela Universidade Federal de Santa Maria (UFSM) e bacharel em Direito pela Universidade Federal de Pernambuco (UFPE).

Marina Barros Pesquisadora do Centro de Tecnologia e Sociedade da FGV Direito Rio e mestre em Comunicação pela Escola de Comunicação da UFRJ.

SOBRE OS AUTORES

MICHAEL FREITAS MOHALLEM Professor da FGV Direito Rio e pesquisador do Centro de Justiça e Sociedade (CJUS/FGV), doutorando (Ph.D.) e LL.M. em Direito Público e Direitos Humanos pela University College London (UCL). Especialista em Ciência Política pela UnB, graduado em Direito pela PUC-SP e pesquisador do projeto Oxford Reports on International Law in Domestic Courts. Foi diretor de campanhas no Brasil da organização Avaaz, assessor parlamentar da liderança do governo no Senado Federal e assessor jurídico no Ministério da Justiça.

PEDRO NICOLETTI MIZUKAMI Mestre em Direito Constitucional pela PUC-SP. Doutorando em Políticas Públicas, Estratégias e Desenvolvimento pela UFRJ. Coordenador acadêmico da equipe brasileira do projeto "Media Piracy in Emerging Economies" do Social Science Research Council (2011). Cocoordenador do componente brasileiro do projeto "Ecology of Access to Educational Materials in Developing World Universities" da American Assembly (Columbia University), em andamento. Coautor do relatório "Mapping Digital Media: Brazil" (Open Society Foundations, 2013). Foi conselheiro titular pela FGV no Conselho Nacional de Combate à Pirataria e Delitos contra a Propriedade Intelectual (Ministério da Justiça), mandato 2012-2014.

SILVANA BATINI CESAR GÓES Doutora em Direito Público e mestre em Teoria do Estado e Direito Constitucional pela PUC-Rio. Bacharel em Direito pela UEL. Procuradora regional da República e professora da FGV Direito Rio.

SILVIO LEMOS MEIRA Engenheiro eletrônico pelo ITA, MSc em Computação pela UFPE e Ph.D. in Computing pela Kent at Canterbury. Além de professor associado da FGV Direito Rio e coordenador do INCT-INES, Instituto Nacional para Engenharia de Software (Grant CNPq/Capes 573964/2008-4, que financia parte deste trabalho), é provocador-chefe da IKEWAI.COM e fundador e batuqueiro do maracatu de baque virado A CABRA ALADA, um dos principais do carnaval do Recife.

O texto deste livro foi composto em Sabon, desenho tipográfico de Jan Tschichold de 1964, baseado nos estudos de Claude Garamond e Jacques Sabon no século XVI, em corpo 11/15. Para títulos e destaques foi utilizada a tipografia Frutiger, desenhada por Adrian Frutiger em 1975.

A impressão se deu sobre papel off-white pelo Sistema Cameron da Divisão Gráfica da Distribuidora Record.